이제는
잘파세대다

이제는 잘파세대다

이시한 지음

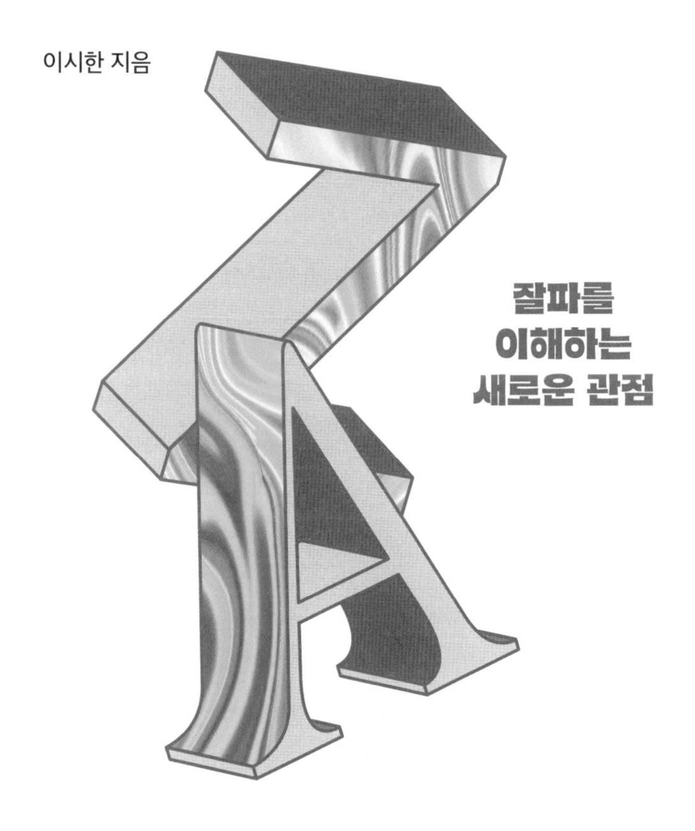

잘파를
이해하는
새로운 관점

차 례

PART2 잘파세대를 이해하는 4가지 키워드

PART3 잘파세대가 이끌 소비 트렌드의 변화

PART4 잘파세대를 맞이하는 조직문화의 미래

디지털 온리에서 태어난 자중감 넘치는 현재적 세계인들

큰 틀의 기준을 잡고서 이야기를 본격적으로 시작하는 편이 나을 것 같습니다. '디지털 온리에서 태어난 자중감 있는 현재적 세계인'. 이것이 잘파세대를 표현하는 말입니다. 수많은 특징이 있겠지만, 크게 보면 디지털 온리, 자중감, 현재적 감각, 세계인, 이렇게 4가지 특징으로 수렴할 수가 있어요. 잘파세대가 Z세대와 알파세대를 합한 말인 만큼 이 두 세대의 차이도 있을 수 있는데, 결이나 방향성의 차이가 아니라 이 4가지 특징의 농도차라고 할 수 있습니다.

우선 가장 중요하고 모든 변화의 근본이 되는 원인이 '디지털 온리'입니다. 디지털 트랜스포메이션은 잘파세대뿐 아니라 전 세대가 동참하고 있는 변화이기도 한데, 유난히 잘파세대에서 강조

되는 이유는 잘파세대가 디지털 환경에서 태어난 네이티브native이기 때문입니다. 스마트폰과 함께 태어나 누가 가르쳐 주지 않아도 2살 때 이미 스마트폰으로 스스로 필요한 앱을 다운 받았다는 도시전설을 만들어 낸 세대들인 거죠. 이들에게는 아날로그가 향수가 아닌 이국적 느낌으로 존재합니다. 디지털이 만들어 낸 변화들은 그야말로 폭넓고 무엇보다 빠릅니다. 시간적으로도 공간적으로도 말이죠. 디지털이 만들어 내는 가속화된 사회, 항상 연결된 사회, 대면이 서투른 사회 등의 결과가 그대로 잘파세대의 모습으로 드러납니다.

두 번째 특징은 '자중감'입니다. 잘파세대는 자신이 세상의 중심이라는 감각으로 세상을 삽니다. 아이가 귀한 10포켓 환경에서 태어나, 어려서부터 사랑과 지원을 받으며 성장한 잘파세대는 자기 자신을 귀하게 여기는 마음이 있어요. 그런 생각을 현실화해주는 디지털 환경도 있습니다. 숫기 없어 보이던 친구가 길거리 한가운데서 춤을 추더니 그것을 영상으로 촬영해 SNS에 올려 전 세계인들의 '좋아요'를 받죠. 다양한 취향을 가지며 그것을 표현합니다. 나이에 관계 없이 누구에게나 할 말은 하는 모습이 비사회적으로 보일 때도 있지만, 사실 디지털 세계의 연결로 같은 가치와 지향점을 가진 사람들과 약한 연결의 공동체를 형성하는 데는 오히려 능숙합니다. 전 지구적, 전 세계적 연결에 거부감이 없기도 하고요. 내가 중요한 사람인 것을 아는 만큼 다른 사람의 중요함도 인정할 줄 알아서 다양성에 열려 있죠.

세 번째 특징은 '현재적'이라는 것입니다. 너무나 빠른 가속화 사회에서는 미래에 대한 예측과 준비가 불가능할 뿐더러, 할 필요도 없어요. 그래서 잘파세대는 현재에 무척 충실합니다. 예측할 수 없는 미래는 미래로서 존재하지 않고 현재의 연장선상으로 존재합니다. 그래서 미래에 대한 비전을 그리기보다는 현재를 충실하게 살아가는 것이죠. 비전도, 생활도, 취향도 말이죠.

네 번째 특징은 '세계인'입니다. 디지털이 만들어 낸 초연결 감각은 국경의 한계를 넘어 잘파세대를 하나의 연결로 묶어줍니다. 베트남 노래를 듣고, 아프리카 아이의 댄스를 보고, 미국 사람이 만든 퍼니 비디오에 웃습니다. K-POP을 좋아하는 외국인의 반응 영상에 '좋아요'도 누르고요. 사실 세계인보다는 지구인이라는 말을 쓰고 싶었지만, 지구인은 비꼬는 듯한 부정적인 느낌이 살짝 있어서 세계인이라고 했어요. 지구인이라는 말을 생각한 것은 인류가 연결되는 감각에서 한 걸음 더 나아가 지구에 살고 있는 동물, 식물까지 함께 살아가는 유기체로서의 미래를 걱정하고 그에 맞게 행동하기 때문이기도 합니다.

잘파세대의 이런 특징은 복합적이고 다채로운 형태로 여러 현상의 원인이 되고, 또 서로 간에 영향을 미치기도 합니다. 하지만 크게 보면 이렇게 4가지 줄기를 찾아낼 수 있지 않을까 하는데요, 이런 감각이 구체적으로 어떤 모습으로 어떻게 영향을 미칠 것인가에 대한 본격적인 이야기가 이제 펼쳐집니다.

각자가 느끼는 세대의 모습이라든가 사회의 모습은 조금씩 다를 거예요. 세대론을 신봉하시는 분도 계시고 반면에 부정적으로 보는 분도 계십니다. 하지만 방향성을 잡아 준다는 면에서 세대론은 매우 유용합니다. 세대론은 세부적으로 자세하게 알려주는 내비게이션이라기보다는 대략의 방향성을 알려주는 나침반이라고 생각할 수 있습니다. 내비게이션은 거시적인 시각보다는 '앞에서 우회전인지 좌회전인지?'에 매몰되게 만들어 지리에 대한 종합적인 감각을 삭제시킵니다. 하지만 나침반을 따라가게 되면 큰 틀의 지리와 위치가 자신의 머릿속에 자리 잡게 되죠.

세대론은 같은 경험과 성장환경을 공유해서 어느 정도 사고와 행동 방식에 유사한 경향성을 보이는 집단을 효과적으로 정리한 결과물입니다. 막상 세대론에 대해 해당 세대는 '나와는 완전히 다르다'고 부정하는 의견도 많지만, 세대론은 강과 같다고 생각합니다. 하이젠베르크가 주장한 양자역학의 '부분과 전체' 개념과 마찬가지예요.[1] 부분의 움직임을 알 수는 없지만 전체적인 흐름은 알 수 있죠. 강의 입자들은 모두 다른 방향으로 움직이고 있지만, 전체적으로 보면 강은 위에서 아래로 흐르잖아요. 세대론에서 말하는 경향성이라는 것이 개개인에게 똑같이 적용되는 예는 거의 없지만(때로는 완전히 반대 방향의 움직임을 보이는 경우도 있고요), 사회의 흐름과 방향을 예측할 때 세대론 분석은 매우 유용합니다.

이 책에서는 강의 흐름을 보여드리려고 했습니다. 무엇보다 이 책을 읽으시는 분들에게 지식 전달보다는 인사이트를 찾아갈 수 있는 글이 되기를 바랍니다. 이제 잘파세대를 알기 위한 여정을 시작하겠습니다. 나침반 잘 챙기시고요. 그럼 떠나볼게요!

PART

잘파세대가 온다

'진짜 요즘 애들'의 등장

세 가지 뉴스

1. 당근마켓에 삼성에 신입사원으로 입사한 사람에게 주는 입사 선물 세트가 4만 천원에 올라온 적이 있다. 삼성의 로고가 크게 새겨진 노트 2권과 보냉컵, 볼펜, 명찰, 목걸이 등이었다. 당근마켓에 나온 이 삼성 입사 선물 세트를 보며 어떤 사람들은 '이건 좀 너무한 거 아니냐?', '구질구질하다'라고 반응했지만, 또 어떤 사람들은 '왜 팔면 안 되냐?', '본인 물건 본인이 팔겠다는데 뭐가 문제냐' 같은 반응을 보였다.[1]

2. 서울 관악구에서 편의점을 운영하는 편의점 점주 A씨는 최근

몸이 좋지 않아 단기로 일할 아르바이트생 B씨를 구했다. 그런데 며칠 뒤 다시 출근한 A씨는 손님들로부터 항의를 받고 본인이 자리를 비웠던 기간의 CCTV를 확인했다. 영상 속에서 B씨는 물건을 정리하던 중 남자친구로 추정되는 한 남성과 껴안거나 입을 맞추는 등의 행위를 했다. 또 남성의 목에 팔을 올리기도 했으며 심지어 손님이 들어와도 아랑곳하지 않고 입을 맞췄다. B씨의 행동은 근무기간인 3일 내내 계속됐다. A씨는 "(B씨와 함께 있던) 남성이 CCTV 위치를 확인하더니 B씨와 함께 사각지대로 이동해 5분 넘게 나타나지 않았다"고 말하기도 했다. A씨는 B씨에게 CCTV 화면을 보여주며 경위를 물었으나 B씨는 "남자친구가 와서 반가워서 그랬다"고 답한 것으로 전해졌다. 또 B씨는 되레 A씨에게 "적당히 좀 하시라. 왜 그러냐"며 적반하장식 태도를 보였다.[2]

3. 부산에서 카페를 운영한다고 밝힌 A씨는 한 온라인 커뮤니티에 "태풍이라서 출근 못 한다고 통보한 직원, 제가 이상한 거냐"는 글을 작성했다. A씨는 "아침부터 문자를 받았다"면서 직원이 보내온 메시지를 캡처해 게시했다. 이어 "저희 직원은 매장에서 도보로 10여 분 정도 거리에 있어 걸어 다니는데 아침에 이렇게 (출근을 못한다는) 문자를 받았다"고 전했다. 오전 7시에 보낸 직원의 메시지에는 "다름이 아니라 태풍이 너무 심해 오늘은 출근을 못할 것 같다. 나가려 했는데, 이 비를 뚫고 갈 자신이 없다"며 "더 미리 말씀 못 드려 죄송하다"고 적혀 있었다. 나름 공손한 어투로

적은 메시지에는 울고 있는 이모티콘도 덧붙였다. A씨는 "요즘은 이렇게도 출근 불가 메시지를 보내는구나 싶다가도 고용주인 제가 판단해 '출근하지 마라'라고 하거나 또는 직원이 '오늘 태풍 심한데 출근하는 게 맞을까요?'라고 좀 더 일찍 물어봤으면 좋았을 거라는 생각에 아침부터 조금 혼란스럽다"는 심경을 밝혔다. 그러면서 "(직원에게는) 그냥 오늘 푹 쉬고 내일 잘 출근하라고 답장 보내는 게 맞겠죠"라고 누리꾼들에게 물었다. 점주의 사연에 누리꾼들의 의견은 둘로 나뉘었다. 한 네티즌은 "참 사장하기 더러운 세상"이라며 글쓴이를 감쌌다. 다른 네티즌도 "직원 새로 뽑으시라"며 점주를 옹호했다. 반면 "알바비 고작 최저임금 주면서 기대하는 게 너무 많나", "사장님이 태풍 시간을 보고 (출근시간) 조율을 해주는 게 맞는 듯" 등 직원을 옹호하는 반응도 있었다.[3]

이 에피소드들에 대해 어떻게 생각하시나요? 그런데 나열한 기사들에 대한 가치 판단적인 이야기를 하기 전에 먼저 생각해 볼 두 가지 포인트가 있습니다.

첫 번째는 이 이야기들이 모두 뉴스로 보도되었다는 것입니다. 예전에 자주 쓰던 진부한 표현 중에 '해외 토픽감'이라는 말이 있죠. '세상에 뭐 이런 일이 다 있나?' 정도의 어감으로 쓰이는 숙어라고 보시면 되는데, 이 사례들이 뉴스로 보도되었다는 것은 해외까지는 몰라도 적어도 요즘의 감각으로도 '토픽감'으로는 여겨지는 일이라는 거죠.

두 번째 포인트는 이 사례들이 사회생활 초입의 사람들에 관한 이야기라는 겁니다. 물론 신입사원이나 알바라고 해서 모두 20대는 아니겠지만, 그래도 42세의 삼성 신입사원이라는 사례가 흔하지는 않으니까요. 남자친구와 애정행각을 벌이는 38세의 편의점 알바생도 조금 어울리지 않기도 하고요.

'부분과 전체' 개념으로 이해하는 세대론

이 이야기들이 MZ세대의 이야기라고 할 수 있을까요? 그렇게 말하기에는 편의점이나 카페 사장님들은 보통 M세대일 겁니다. 뉴스에 나온 사례뿐만 아니라 지금 사회 곳곳에서 충돌을 일으키는 연령대의 분포 양상을 보면 '30~40대 자영업 사장님 VS 20대 아르바이트생'이라든가 '20대 신입사원 VS 30~40대 선배 사원'의 갈등 같은 내용이 많습니다. 30대는 꼰대도 아니고 그렇다고 반反꼰대도 아닌 스스로 중도적인 입장이라고 생각하는 분도 많을 텐데요, 만약 20대와 40대 중에 어느 쪽이 더 가깝냐고 진지하게 묻는다면 일상생활에서는 20대, 사회생활이나 직장생활에서는 40대에 가깝다고 말할 수 있을 겁니다. 회사에서 30대는 중간관리자로서 역할을 하는 경우가 많아서 관리 쪽에 더 가까우니까요. 따라서 20대와 30~40대의 차이를 이해하려 할 때 필요한 용어가 바로 잘파세대입니다.

사실 세대라는 개념 자체가 경계를 구분하는 것이지만, 역설적이게도 명확하게 출생연도로 딱 떨어지지 않는 부분이 있어요. 국가와 사회, 상황을 분류하는 기준이 학자들마다 조금씩 미묘하게 다르거든요. 베이비붐 세대만 해도 서구에서는 2차 세계대전 이후부터 1964년까지 출생률이 급등한 시기의 세대를 말하는데요, 한국에서는 1955년~1974년까지라는 사람도 있고 1955년~1963년까지라고 말하는 사람도 있습니다. 베이비붐 세대는 네이밍 자체가 그저 '아기가 많이 태어난다'는 뜻이어서 사회문화적이기보다는 인구학적인 구분이에요. 우리가 지금 생각하는 세대론이 문화적 구분이나 트렌드의 차이에 더 가깝다는 점을 생각하면, 본격적으로 세대론으로 트렌드를 읽고 문화를 바라보고 경제적으로 응용한 건 X세대를 구분하면서부터라고 할 수 있습니다. 당시로서는 신인류라고도 불렀습니다.

"아뇨, 전혀 신경 쓰지 않습니다. 제가 입고 싶은 대로 입고요. 이렇게 입으면 기분이 조크든요"[4]라는 밈으로 지금도 남아 있는 X세대 패션에 관한 뉴스 인터뷰 영상은, 당시로서는 무언가 지금과는 다른 사람들이 나타났다는 느낌을 주며 충분한 사회적 충격을 주었습니다. X라는 말 자체가 정의할 수 없고 종잡을 수 없다는 냉소적인 네이밍 센스에서 나온 거니까요.

서구권에서는 보통 1965년생부터 1980년생까지를 X세대로 보는데, 이렇듯 서구권은 비교적 명확하게 연도 기준을 잡습니다. 반면 한국에서는 1975년생부터 1984년생까지를 X세대로 보자

《상실의 시대》와 《노르웨이의 숲》 표지[5]

는 주장이 있었습니다. 하지만 이는 인구학적인 분류이고, 이미 세대가 문화와 트렌드, 경제의 차이를 이야기하기 시작한 시점에서는 쓰임새가 크지 않는 분류입니다. 그래서 세대 의식에 따라 분류한 1970~1979년생 정도까지를 X세대라고 보자는 의견이 그나마 타당성을 얻고 있습니다.

X세대의 특징은 개인주의의 탄생을 알린 세대라는 점입니다. 무라카미 하루키의 《노르웨이의 숲》은 처음 한국에 나올 때 《상실의 시대》라는 제목으로 출간되었습니다. 지금도 많은 사람들이 《상실의 시대》라는 제목에 더 많은 공감을 합니다. 산업화, 민주화의 공동체적 사명과 목표를 '상실'하고 어른이 된 개인주의자들에 대한 이야기였거든요.

어떻게 보면 세대론은 사회와 반대편에 있는 개인이라는 페르

소나를 이야기한다고 볼 수도 있습니다. 동일한 경제, 정치, 사회적 성장환경을 거친 사람들에게 가장 평균적으로 형성되는 자아는 어떤 모습인가 하는 것이죠. 크게 보면 X세대 이후로 이어지는 세대론은 개인이 점점 더 초개인화되어가는 과정이라고 할 수 있어요.

디지털을 배워서 사용하는 M세대

X세대의 뒤를 이은 게 M세대입니다. 원래는 X 다음의 알파벳인 Y세대라고 불렀는데 모바일 세대 혹은 밀레니엄 세대라는 특징이 있다 보니 M세대라는 명칭으로 부르게 되었습니다. M세대는 1980년대 초반 이후의 출생자를 주로 지칭합니다. 서구권에서는 1981~1996년 출생자로 이 세대를 명확하게 구분합니다. 한국에서는 조금 두루뭉술하게 1980년대 초~1990년대 중반 출생자로 정의하는 편입니다.

M세대는 1990년대가 끝나고 2000년대로 넘어가는 세기말적 감성과 새 시대의 희망이 공존하는 세대인 동시에, 한국에서는 어릴 때 IMF를 겪고 커서는 2002년 월드컵 4강을 경험한 세대입니다. 이 역시 절망과 희망을 함께 겪은 사례죠.

그리고 M세대라는 네이밍에 영향을 준 것이 바로 모바일이잖아요. 휴대전화가 전화의 기능을 넘어 모바일 인터넷이라는 말에

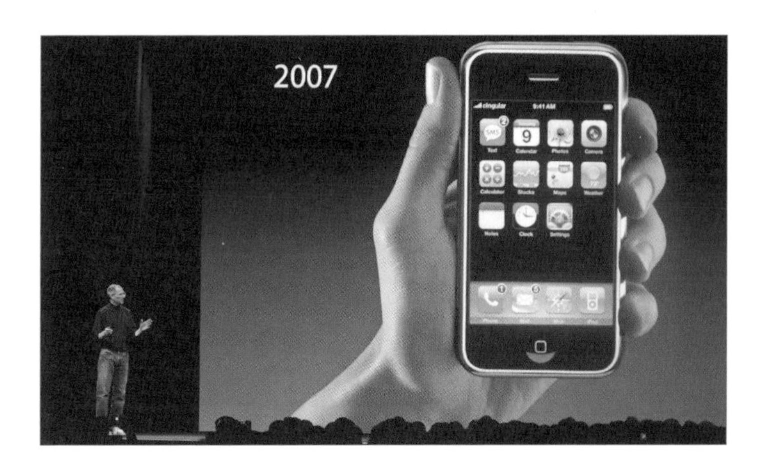

2007년 스티브 잡스의 아이폰 공개 프레젠테이션. 혁신의 시작이었다.

걸맞게 본격적으로 사람들의 라이프 스타일의 중심에 서기 시작한 계기가 2007년 아이폰의 탄생이었어요. M세대가 10대에서 20대일 때죠. 물론 스마트폰이 제대로 보급된 것은 2009년이 되어서고 청년들이 쓰기에 적절한 합리적인 가격이 되는 건 조금 더 뒤의 일이지만, 어쨌든 스마트폰은 M세대를 그 전 세대와 구분하는 중요한 기준입니다. 이때부터 본격적으로 우리 사회에 디지털 시대가 도래했다고 보아도 무리가 없을 듯합니다.

스마트폰과 함께 자란 Z세대

Z세대의 경우 M세대보다 합의가 조금 더 불명확하긴 하지만

대략 1990년대 후반 출생자부터 2010년대 초반 출생자를 묶어 부릅니다. 서구권에서는 주로 1997년 출생자부터 2012년 출생자를 묶습니다. Z세대의 특징이 스마트폰이기 때문에 그렇습니다.

아이폰이 처음 발표되던 2007년에 10살이 되던 사람들, 그러니까 1997년생부터 Z세대로 잡은 겁니다. 스마트폰이 있는 어린 시절을 보낸 적이 있는가가 중요한 기준이 되는 거죠. IMF 언저리에 태어난 사람들부터 Z세대라고 하면, Z세대의 범위는 대략 사회초년생, 대학생, 고등학생, 중학생을 아우르게 됩니다.

그런데 정확히 어느 연도서부터 M이고 Z냐가 중요한 것은 아닙니다. 그보다 위인 70년대에 태어난 X세대에서도 Z세대처럼 생각하는 사람이 있고, Z세대이지만 X세대 같은 사람도 있기 때문이죠.('젊은 꼰대'라는 말이 왜 나왔겠어요.) 하지만 해류가 바뀌고 계절풍이 불어오듯, 어느 순간 큰 흐름이 바뀌는 시점이 있거든요. 그래서 나라마다, 발표하는 기관마다, 세대의 연도 구분이 조금씩 차이가 있을지언정 비슷한 시기에 태어난 사람들에게 비슷한 면이 있다는 점에 대해서는 큰 틀의 합의가 되어 있는 것 같아요.

디지털 세상이 디폴트 값인 Z세대

알파세대는 Z세대 다음입니다. 세대별 명명법이라는 게 생각보다 쉬워서 알파벳 순으로 X, 다음에 Y, 그리고 Z인 건데, Y를 세대의 특성을 살린 밀레니얼 세대, M세대라고 불렀던 거죠. 그리고 M과 Z를 합해서 MZ세대라는 말을 썼던 거예요. 그런데 세대 분류 명명법에서 이렇게 알파벳 순서가 끝까지 갔는데, 여기서 인류의 탄생이 끊긴 것은 아니잖아요. 계속해서 아기들은 태어납니다. 그래서 새로운 세대 이름을 붙여야 하는데 A라고 하기에는 애매하니 차라리 다른 섹터로 넘어가서 알파, 베타, 감마할 때의 알파로 간 거예요. 그래서 알파세대인 거죠.

알파세대는 2010년 이후에 출생한 사람들을 말합니다. 영미권에서는 2010~2025년생을 알파세대로 구분합니다. 넓게 보면 스마트폰과 함께 태어난 2007년생부터 알파세대로 보기도 하고, 좁은 범위에서는 Z세대를 2012년생까지로 구분했으니 2013년생부터라고 보기도 합니다. 그러니까 대강 초등학생부터 지금 태어나는 아이들까지를 알파세대라고 생각하면 됩니다.

이들에게는 스마트폰이나 AI 같은 디지털 세상이 디폴트 값입니다. 그러니까 알파세대의 세상은 원래부터가 디지털인 거예요. 그야말로 디지털 행성의 네이티브로 태어난 아이들이라고 할 수 있죠. 아직 은행 출입을 본격적으로 할 나이는 아니지만, 이들이 본격적으로 은행 거래를 하게 되는 시기가 되면 이들에게 은행은 디지털상에서 존재하는 게 일반적이고 실제 지점은 금융사고나 큰 금액의 대출을 받을 때나 가는 아주 비일상적인 공간이 되어 있을 겁니다.

디지털 세상에서는 지정학적 경계가 약하기 때문에 국가 구분에 대한 심리적 장벽이 덜합니다. 메타버스에서 다른 나라 친구들을 만나고 틱톡이나 릴스로 서구권의 최신 유행을 실시간으로 공유합니다. 반대로 외국 친구들은 K-POP 소식을 실시간으로 알기도 하고요. 그래서 친구나 인간관계, 개념이나 사고가 글로벌합니다. 다양한 가치에도 열려 있는 편이죠. 성정체성이라든가 종교에 대한 태도, 이념의 차이 같은 부분에 대해 다름을 인정하고 수용하는 편입니다.

스마트폰 네이티브로서의 잘파세대

잘파Z+alpha세대는 Z세대와 알파세대를 묶어서 이르는 말입니다. 우리가 잘 아는 MZ라는 용어가 M세대와 Z세대를 묶어서 이르는 것과 마찬가지인 호칭인 거죠. 사실 MZ라는 용어가 젊은 사람들에 대한 대명사로 쓰이고 있는데, 최근 들어 이 중 M세대가 결코 젊은 사람들이 아님을 많은 사람들이 느끼고 있습니다.

반면 잘파세대라는 말은 사회초년생부터 지금 태어나는 아이들까지를 이르는 개념인데, 앞선 세대 분류에서 스마트폰이 무척 중요한 갈림의 기준으로 등장하는 것을 보셨을 거예요. 그래서 잘파세대의 특징을 한마디로 말하라고 하면 '스마트폰 네이티브'라고 할 수 있겠습니다. 여기서 스마트폰은 디지털이라는 개념의 대명사 같은 것이니까 '디지털 네이티브'라고 개념을 확장할 수 있고요. 이렇게 되면 잘파세대의 특징이 어느 정도 묶인다는 것을 알 수 있어요. 그리고 이렇게 잘파세대로 묶어서 생각하지 않으면, 앞으로 사회 흐름이나 변화의 방향을 효과적으로 예측하기 힘듭니다. 이제는 MZ세대 대신 잘파세대에 주목해야 하는 거죠.

이제는 MZ 말고 잘파(Z+alpha)

MZ, 결코 젊지 않은 '요즘 젊은 애들'

MZ세대라는 말은 그동안 사회적으로는 '요즘 젊은 애들'이라는 말로 쓰였습니다. 하지만 세대별로 구체적인 나이 구분을 해보면 사실 M과 Z는 나이 차이가 꽤 나는 편이죠. M세대는 40대 중반까지도 가고 Z세대의 끝자락은 대학 신입생도 있거든요. 그런데 나이 차이를 말하기 전에 더 큰 문제가 있어요.

M세대의 윗쪽 경계선의 연령은 40대 중반인데요, 통계청 자료에 따르면 고령층이 가장 오래 근무한 직장을 그만둘 때의 평균 연령이 49.4세입니다.[1] 쉽게 말하자면 규정상 정년이 60세더라도 일생에서 가장 오래 몸담은 직장에서 맞닥뜨리는 '현실 정년'은

49세라는 거죠.[2] 그러니까 M세대의 경계선인 40대 중반이라는 나이는 직장에서 임원이 아닌 실무진 중에서는 거의 최종 단계까지 와 있다는 뜻입니다.

그렇다는 건 사회생활 만렙인 부장님이 사회생활 쪼렙인 신입사원과 MZ라는 호칭으로 한 틀에 엮인다는 것입니다. 'MZ오피스'라고 하지만 MZ세대라는 구분에서 보면 결국 갈구는 과장도 갈굼 당하는 인턴도 모두 MZ예요. "요즘 젊은 애들은 이상하다"고 말하는 사람들도 그렇게 따지면 결국 '요즘 젊은 애들'에 들어간다는 겁니다.

이제 와 생각해 보면 MZ는 결코 '젊은 애들'의 대명사가 될 수 없는 단어입니다. 젊지 않으니까 말이죠. 이 젊지 않다는 말에는 단순히 나이의 문제가 아니라 사회생활을 얼마나 했느냐의 개념도 들어가 있어요. 회사에서 3년 경력직과 신입을 차이 두듯이, 3년 정도의 사회생활 경력이면 이미 신입 수준은 아니라는 거거든요. 그러니까 어느 시대에나 있던 '요즘 젊은 애들'이 사회에 나오면서 주는 충격과 새로운 파장을 이야기하려고 할때 MZ세대라는 단어는 아주 괴상한 표현이 됩니다. 그래서 나온 것이 잘파세대라는 새로운 단어죠.

Z세대와 알파세대를 묶는 연결고리

'요즘 젊은 애들'에 해당하는 단어가 MZ가 아닌 잘파가 되어야 하는 이유는 바로 이 잘파세대야말로 '진짜 요즘 젊은 애들'이기 때문입니다. 심지어 어린 사람들이죠. 하지만 이런 구분은 상당히 표면적이고요, 진짜 중요한 2가지 이유가 있습니다.

앞서 보았던 세대 구분에서 이미 눈치채셨겠지만, 스마트폰이 굉장히 중요한 역할을 하고 있음을 알 수 있어요. 사실 이때 스마트폰이라는 워딩은 스마트폰으로 상징되는 디지털 기술이지만 대중이 쉽게 체감할 수 있다는 측면에서 스마트폰으로 표현하는 건데요, M세대와 Z세대를 가르는 가장 중요한 기준이 됩니다. Z세대가 어린 시절 스마트폰을 접해서 스마트폰을 자유자재로 쓸 수 있는 반면, M세대는 스마트폰을 새로운 문물로 배운 사람들이라 스마트폰이 아주 편하지는 않습니다. 그래서인지 아날로그에 대한 향수도 많이 남아 있는 편이고요.

이 구분을 영어권으로 이민을 간 경우에 비유해서 설명해 볼게요. M세대는 대학생 때 미국으로 이민을 간 사람들이라고 생각하면 됩니다. 다 커서 미국에 이민을 간 사람은 영어를 쓰는 데 부담감을 느낍니다. 편하지가 않거든요. 계속 긴장해야 하고, 신경 써야 말이 들리기도 하고, 전화는 특히 알아들을 수가 없어서 전화로 해도 될 일을 직접 가서 처리하기도 합니다. 이 사람들은 아무리 영어를 잘해도 발음에서 확실히 네이티브와 구분됩니다. 이것이 디지털을 배워서 적응한 M세대가 디지털에 가지는 느낌이라고 할 수 있습니다.

반면 Z세대는 3살 정도에 이민을 간 사람들이에요. 아직 뇌가 말랑말랑할 때 영어를 배웠기 때문에 영어 두뇌가 따로 형성됐거든요. 그래서 영어를 쓰는데 큰 부담이 없고 발음도 원어민과 차이가 없습니다. 무엇보다 사고 자체를 영어로 하죠. 이것이 디지털과 함께 성장한 Z세대입니다. 그렇다면 알파세대는 미국에서 태어난 이민 2세라고 할 수 있죠. 당연히 영어를 잘 쓰는데요, 사실은 영어밖에 못 써요. 한국어는 아예 못 하는 거죠. 이 사람들은 시민권자거든요.

그렇게 보면 Z세대와 알파세대는 원어민과 다를 바 없이 영어를 사용하듯이 디지털에 익숙하다는 면에서 하나로 묶일 수 있지만, 디지털을 배워서 사용한 M세대는 확실히 발음이 다릅니다. 그리고 여기에 조금 더 근본적으로 원어민처럼 영어를 하는 친구들은 생각 자체를 영어로 하고, 배워서 영어를 하는 사람들은 머릿속에서 번역을 거치는 과정이 있다는 점이 다르거든요. 그러니 이 사람들은 영어를 하는 게 너무 피곤하고 부담스러운 거예요.

Z세대와 알파세대는 디지털 시대의 영주권자와 시민권자들인 거죠. 디지털이라는 기준으로 보면 MZ세대는 한국인 부모와 말이 잘 안 통하는 이민 1.5세대 자녀를 패밀리로 묶어서 생각한 느낌이었다면, 잘파세대는 이미 영어가 모국어처럼 된 이민 1.5세대와 2세대를 묶어 놓은 것과 비슷합니다. 어느 쪽이 더 효과적일까

를 생각하면 잘파세대라는 단어의 부상 이유를 이해하실 수 있으실 겁니다.

디지털이 너무 편하고 QR코드 하나만 주면 복잡한 앱을 깔고 일 처리를 할 수 있는 잘파세대와 스마트폰 조작을 하려고 노력하다가 결국 전화를 건다거나 친구에게 물어봐 도움을 받는 M세대와는 행동 특성에 차이가 있거든요.

잘파세대의 구분은 왜 필요할까?

또 하나 중요한 잘파세대의 구분점이 있어요. 기본 잘파세대는 부유합니다.(이 부유하다는 것은 상대적인 개념으로 조금 더 정확하게 표현하면 경제적으로 아주 절박하지는 않다는 정도의 의미입니다.) 사실 따지고 들어가 보면 잘파세대가 부유한 게 아니라 이들 부모님의 경제 형편이 아주 어렵지는 않다는 거예요. Z세대의 부모는 보통 X세대이고 알파세대의 부모는 보통 M세대입니다.

우리나라가 개발도상국일 때 일을 한 베이비붐세대는 그다지 부유한 노년을 보내고 있지는 못합니다. 있던 돈도 IMF나 2008년 서브프라임 모기지 사태 때 까먹은 사람들이 많죠. 소준철 작가의 《가난의 문법》에서는 우리 사회의 평균을 보여주는 통계를 이용해 IMF나 경제위기 같은 문제가 지금의 노인들을 어떻게 가난하게 만들었는지를 보여줍니다.[3]

반면 X세대는 한국이 개발도상국에서 선진국으로 진입할 때 사회생활을 한 세대이다 보니 그 과정에서 어느 정도 재산도 모았고 국민연금도 받습니다. 한국의 청년세대를 이야기할 때 '자식이 부모보다 가난한 세대'[4]라는 말이 괜히 나오는 게 아닙니다. 그러니까 그들의 자녀인 Z세대는 어느 정도 소비의 맛을 알아요. X세대가 돈을 벌긴 해도 자기에게는 잘 쓸 줄 모르는데 그들의 자녀에게는 아끼지 않고 쓰거든요. 그러다 보니 Z세대는 일찌감치 호텔 뷔페도 다녀보고, 좋은 차도 타보고, 해외여행도 많이 다녔습니다. 알파들은 더하죠. 알파세대의 부모는 M세대인데, M세대가 부모가 되면 아이가 부부 사이에 한 명 정도로 줄어서 집안의 귀한 자녀가 되거든요. 할아버지, 할머니, 삼촌, 이모가 너도나도 '조카 바보'를 자청하며 이들을 위해 지갑을 엽니다.

세대 구분이 이루어지는 이유는 보통 마케팅 때문입니다. 잘파세대라는 말을 클레어스의 최고 마케팅 책임자인 크리스틴 패트릭에 의해 대중화되었습니다. 그는 10대 타깃의 보석 및 액세서리 소매업체의 핵심 고객을 설명하기 위해 이 개념을 만들었습니다.[5] 한국에서도 잘파세대라는 말을 처음 접한 경험이 삼성전자의 갤럭시 마케팅을 통해서인 경우가 많을 거예요.

마케팅에서 세대를 주목하는 이유는 소비의 경향성 때문입니다. 어떤 흐름으로 소비가 이루어지는지 빠르게 파악하고 그에 관한 분석을 하기에 가장 효과적인 방법이 세대의 흐름을 아는 것이고, 어느 정도 비슷한 방향이 보이면 그에 대한 상품을 만들고 서비스를 준비해 마케팅을 실행하면 되거든요.

소비 성향에 맞춰 생산하면 되니까, 따지고 보면 잘파세대라는 세대 구분은 매우 경제적인 필요성에 의해서 탄생한 것입니다. 이러한 기준에서 볼 때 잘파세대는 우리 생각보다 이미 소비의 중심이 되어 있습니다. 심지어 초등학생인데도 비싼 신발을 사거나 명품 의류를 선뜻 삽니다.

물론 이 두 가지 면은 잘파세대의 특징을 설명할 때 자세하게 다뤄지겠지만, 크게 두 가지 면에서만 보아도 잘파세대라는 구분이 왜 필요한지 아실 수 있을 거예요. 기술과 경제거든요. 기술과 경제는 우리의 라이프 패턴을 만들고, 그 패턴들은 일상의 루틴이 됩니다. 생활의 루틴은 곧 우리의 사고방식이 되고 공감을 얻은 생각과 느낌은 문화가 되죠. 그러니까 잘파세대의 특성을 잘 분석해서 미래를 대비한다면, 그것은 당첨 번호를 알고 사는 복권이나 다름없을 것입니다.

잘파세대를 제대로 아는 것이 경쟁력

잘파세대에 대한 분석과 이해는 소비의 경향, 트렌드의 움직임을 예측하는 데 힘이 됩니다. 특히 실시간으로 트렌드가 바뀌고 좋은 것은 로컬 구분 없이 바로 글로벌로 공유되는 지금 같은 세상에서는 트렌드나 변화의 흐름에 빠르게 따라가지 않으면 순식간에 뒤처지고 도태됩니다.

변화의 흐름 속에 핵심을 정확히 짚은 사람과 살짝 핀트가 어긋나 맥락을 따라가야 하는 사람은 경쟁력 차이가 날 수밖에 없죠. 그런 트렌드의 변화를 효과적으로 짚어주는 것이 잘파세대이기 때문에, 잘파세대를 파악할 필요가 있는 거예요. 산업계가 잘파세대에 주목하는 이유는 미래의 주축이 될 소비층을 잡아야 시장을 선점할 수 있기 때문인 거죠. 삼성전자가 갤럭시 스마트폰 마케팅을 펼치면서 잘파세대라는 키워드를 던진 것은 잘파세대라는 그룹을 설정하고 그에 맞춰 마케팅 계획을 짜는 것이 가장 효과적이기 때문입니다.

변화는 기술 → 인문 → 경제의 흐름으로 일어나는데요, 기술이 바뀌고 그에 따라 사회구조, 생각, 개념, 인문에 대한 합의들이 변화합니다. 그리고 이 변화에서 경제적 기회가 발생하기 때문에, 경제에 변화가 온다는 것은 이미 사회의 여러 분야에서 변화가 진행되었음을 의미합니다. 따라서 앞으로의 사회는 잘파세대의 흐름과 경향을 알아야 그에 맞춰 이해하고, 예측하고, 변화의 기회를 잡을 수 있습니다.

매클린들연구소의 보고서에 따르면, 2030년이 되면 노동인구 구성에서 X세대는 23%, M세대는 32%, Z세대는 34%, 알파세대는 11%로, 잘파세대가 45%를 차지할 것으로 추산하고 있습니다. 잘파세대가 생산의 주력이 되는 거죠. 그리고 소비에서 알파세대는 전 세계에서 매주 250만 명이 태어나고 있어, 2025년이면 22

억 명(전체의 25%)에 달해 베이비붐 세대를 앞질러 소비의 주력으로 올라설 것으로 예측하고 있고요.[6]

디지털 행성의 시민권자들

사회적 경험이 세대에 미치는 영향

같은 세대는 같은 사회적 경험을 공유합니다. IMF, 서브프라임 모기지 사태, 2002년 월드컵 4강 등, 잊을 수 없는 사회적 경험과 그 경험의 시기가 유년기인지 청년기인지에 따라 사람들에게 다르게 각인을 남기는데요, 그 각인이 세대의 특성이 되곤 합니다. 예를 들어 유년기에 IMF를 겪은 M세대는 부모님의 실직, 파산, 구조조정 같은 것을 보았기 때문에 전반적으로 안정을 추구하는 경향이 있습니다.

이 M세대가 20대 청년기를 보낸 2010년대에 최고의 인기 직업이 안정적인 공무원이었죠. 공무원이 인기를 끈 데는 여러 가지

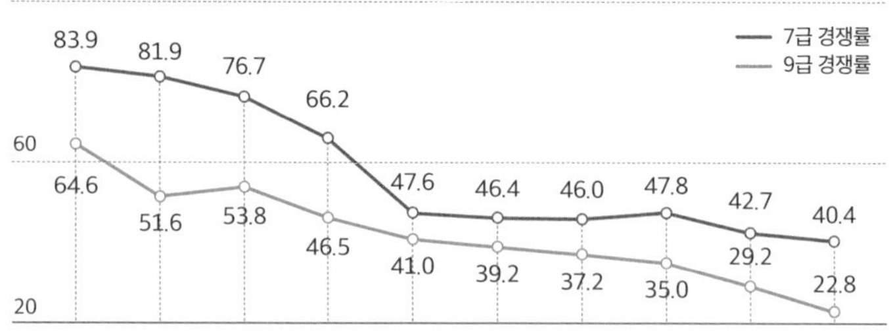

최근 10년간 7, 9급 공무원 공채시험 경쟁률[1]

이유가 복합되어 있긴 하지만, 중요한 이유 중의 하나는 IMF를 겪어서 순식간에 집안이 몰락하는 것을 본 세대가 자라 직업을 선택하는 시기가 되었다는 것이었습니다.

공기업 역시 비슷합니다. 2010년대에 공기업의 인기는 대기업을 압도할 정도였어요. 여기에는 스펙을 보지 않는 NCS제도나 블라인드 채용과 같은 공기업 취업 전형의 변화가 인기를 끄는 요인이기도 했지만, 역시 대기업에 비해서 안정적이라는 메리트가 컸습니다. 하지만 공기업의 경쟁률 역시 지금은 하락하고 있죠.

학령인구가 줄고 있기 때문이라고 이런 경향을 설명하기도 하지만, 대기업은 여전히 경쟁률이 세고 전체 취업 경쟁률 자체를 보면 그렇게 줄지는 않았거든요. 예를 들어 2023년에 현대자동차에서 생산직 공채를 했는데 400명 모집에 18만 명이 지원했다는 소문이 온라인에 흉흉하게 돌았습니다. 현대차는 이 수치를 부인했지만, 그렇다고 실제 어느 정도가 지원했는지 밝히지도 않았어요. 그런데 기아차가 2022년에 5년 만에 실시한 생산직 100명 채용에 5만 명이 몰리며 경쟁률 500대 1을 기록한 적이 있어서[2] 18만 명이 아예 허황된 수치는 아니라고 봅니다.

사실 공무원을 지원한 사람들을 앉혀놓고 어린 시절 트라우마를 물어보며 이런 조사를 할 수 있는 것은 아니어서, 유년기에 IMF를 겪은 M세대의 성향이 안정지향적이고 그래서 공무원이나 공기업이 큰 인기를 끌었다는 분석은 그야말로 '뇌피셜(공식적으로 검증된 사실이 아니라 개인적인 생각을 이르는 말)'일 수 있습니다. 하지만 검소하고, 절약하고, 축소하는 M세대의 특성이 외환위기라는 기존에 없던 사회적 충격과 어느 정도 상관관계가 있다고 보는 것이 무리한 일은 아닐 것입니다.

그리고 반대로 이러한 M세대의 경험과 특성이 사회에 미칠 영향에 대해서도 생각해 볼 수 있습니다. 기업이라면 이런 예측을 바탕으로 서비스나 상품을 만들고 공공기관이라면 효과적인 정책을 만들어 낼 수 있을 것입니다. 그것이 바로 세대론의 효용입니다.

잘파세대를 관통하는 사회적 경험 PART1: 스마트폰

그렇다면 잘파세대를 관통하는 사회적 경험은 무엇일까요? 크게 두 가지가 있습니다. 그중 하나이자 근본적인 경험이 세대 구분에서도 중요한 기준이 된 스마트폰입니다.

애플이 비전프로라는 확장현실XR 헤드셋을 발표하면서 공간컴퓨팅이라는 명명을 했습니다. 맥으로 개인 컴퓨팅을, 아이폰으로 모바일 컴퓨팅의 시대를 열었다면, 비전 프로로 공간컴퓨팅을 시작한다는 설명이었죠.[3] 애플이야 뭐든지 독보적이고 싶어 하니 (사실 독불장군에 더 가깝지만) 기존의 메타버스를 공간컴퓨팅이라고 굳이 재정의하는 것에 대해서는 그러려니 하면 되는데, 재미있는 것은 앞선 두 가지 혁명입니다.

개인에게 컴퓨터가 보급된 사건과 휴대용 컴퓨터인 셈인 스마트폰의 보급을 같은 선상에서 보고 있는 거예요. 그만큼 스마트폰을 인류의 라이프 패턴을 한순간에 뒤집어 놓은 혁명으로 보고 있다는 겁니다. 이런 시각이 과장되었다고 반론을 펼치는 분은 많지 않을 겁니다. 심지어 이 글도 예전에는 책으로만 볼 수 있었을 텐데, 지금 이 글을 스마트폰이나 태블릿PC 같은 단말기로 읽고 계신 분도 있을 거예요.

스마트폰의 시작은 2007년 애플의 창시자인 스티브 잡스가 아이폰을 공표한 시점을 시작으로 보기도 하지만, 사실상 일반인이 스마트폰을 쓰기 시작한 건 그 후로 2년은 지나서예요. 특히 우리나라의 경우는 아이폰3부터 정식으로 서비스가 되었어요. 그게 2009년도예요. 하지만 이때 아이폰을 쓴 사람도 얼리 어답터에 가까웠지 일반적인 대중이라 보긴 어려워요. 2010년의 아이폰4나 2012년의 아이폰5 정도에 이르러서야 대중의 본격적인 유입이 이루어집니다. 저도 제일 처음 산 스마트폰이 아이폰4인 게 기억이 나거든요. 앵그리버드라는 게임을 하고 싶어서 말이죠.

그 후로 10여 년 동안 스마트폰은 눈부신 발전을 해왔습니다. 초창기에는 '게임하기 편한 핸드폰' 정도의 개념이었는데 점점 기술력이 발달하면서 디지털 카메라를 완전히 대체했습니다. 고해상도 카메라의 쓰임새가 점점 많아지면서 사진을 바로바로 공유할 수 있는 페이스북이나 인스타그램 같은 SNS가 더욱 활성화되었고요.

스마트폰 메신저 서비스도 생겨서 사람들을 언제나 연결된 상태로 만들어 버렸어요. 카카오톡은 2010년도에 처음 출시되어 '공짜로 문자를 보낼 수 있다'는 매력 포인트로 순식간에 사용자를 끌어모으더니 현재는 한국 유저수만 약 5,000만 명입니다. 사실상 대한민국 인구수죠. 초창기에는 카카오톡 때문에 스마트폰을 쓰기 시작한 사람들이 꽤 돼요.

그런데 이때만 해도 스마트폰이 문자나 SNS 같은 서비스를 통해서 그 전의 피처폰보다 사람들을 조금 더 적극적으로 연결하는 역할을 한다 싶은 정도였어요. 그런데 다양한 스마트폰 앱이 점점 그 연결 관계를 업무나 비즈니스로 넓혀주기 시작합니다. 스마트폰의 하드웨어적 성능도 그런 사용성을 받쳐줄 수 있을 정도로 점점 강화되었고요. 2010년도에 온라인 상거래 플랫폼 쿠팡도 음식 배달 플랫폼인 배달의 민족도 문을 열었거든요. 그런데 이 서비스들도 처음에는 적자였다가 스마트폰이 널리 쓰이기 시작하면서 꽃을 피웁니다. 예를 들면 배달의 민족은 2016년에 처음으로 연간 흑자를 달성합니다. 그런데 그 후로는 계속 흑자 기조입니다.

몸 밖에 있는 또 하나의 장기, 스마트폰

스마트폰의 흥망성쇠 중에 흥과 성을 같이 한 세대가 바로 Z세대예요.(망과 쇠는 아직 안 왔으니 이건 시간이 지나야 말할 수 있고요.) 스마트폰과 그에 따른 비즈니스의 전성기는 2010년대입니다. 한국갤럽의 자료에 따르면 2012년에 50%를 살짝 넘던 스마트폰 사용률이 2016년에는 90%가 될 정도로 급격하게 보급되고, 2017년 이후로는 횡보 상태를 보입니다. 그도 그럴 것이 그 후로는 보급률이 90%를 넘었거든요. 2022년에는 97.1%의 보급률을 기록하는데, 이 정도 수치라면 거의 전 국민이 쓰고 있다는 말이나 마찬가지입니다. 2010년대를 관통하는 그 10년 사이에 엄청나게 빠른 속도로 스마트폰이 보급된 거죠.

이 시기에는 스마트폰의 하드웨어도 발달했을 뿐 아니라 특히 여러 가지 스마트폰의 소프트웨어나 스마트폰을 활용하는 혁신적인 비즈니스가 자고 일어나면 등장하던 시기였어요. 그중에는 매력적인 성공모델도 있었습니다.

지금은 각 분야 별로 거대 사업자들이 기득권을 차지하고 있어서 스마트폰을 활용한 비즈니스로 새롭게 무언가를 시작하기는 부

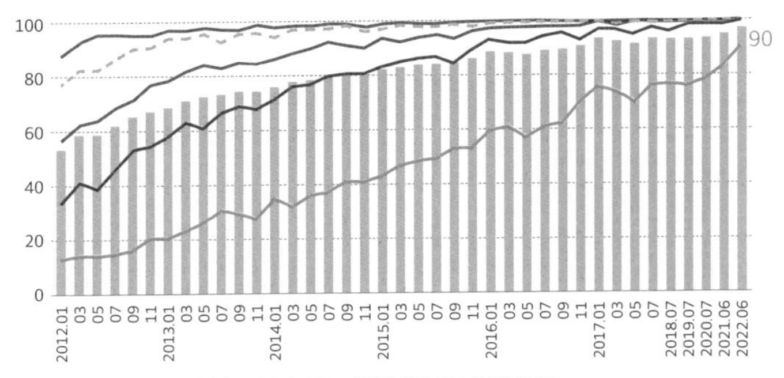

-2012~2017년은 데일리 오피니언 매주 조사 월별 통합, 홀수 월 기준 제시
-2017년까지는 월별 최소 3,014명에서 최대 7,831명(표본오차 ±1.8~1.1%포인트, 95% 신뢰수준)
-2018년 이후는 연 1회, 사례수 약 1,000명(표본오차 ±3.1포인트, 95% 신뢰수준)
-2022년 사용률: 60대 98%(남녀 동일), 70대 이상 81%(남성 97%, 여성 69%)

2012~2022년 사이 연령별 스마트폰 사용률[4]

담스러운 실정입니다. 메신저를 활용한 비즈니스를 만들어도 카톡이 비슷한 서비스를 시작하는 순간, 순식간에 망하게 되거든요.

하지만 2010년대에 아직 스마트폰은 미개척지였고, 그야말로 미국 서부시대와 같은 대개척의 영역이었습니다. 하루 종일 말을 타고 반환점을 그린 후, 해지기 전에 출발점으로 돌아오면 다 그 사람의 땅으로 인정해주는 것 같은 기회가 넘쳐났어요. 이때 부모는 자식에게 스마트폰을 사줍니다. 게임기와 다르다는 것을 안 거죠. 게임은 잘해봤자 레벨만 높아지지만, 스마트폰을 잘하면 기회가 올 수 있다는 성공사례가 곳곳에 등장했어요. 그 모습을 보면서 부모들은 미래 사회에는 스마트폰을 잘 쓰는 사람에게 더 많은 기회가 올 것이라는 생각을 하게 되었고, 이런 생각 때문에 가계

경제의 커다란 출혈을 각오하고서라도 아이들에게 스마트폰을 쥐어 주기 시작한 겁니다. 그래서 어린 시절에 스마트폰을 손에 쥐고 자랄 수 있었던 세대가 바로 Z세대입니다. 오죽하면 스마트폰은 Z세대에게는 몸 밖에 있는 또 하나의 장기나 마찬가지[5]라는 주장이 있을 정도로 말이지요.

알파세대는 더더욱 그렇습니다. 이들은 스마트폰이 없는 시대를 상상할 수 없습니다. 알파세대는 공중전화를 쓴다는 것이 어떤 느낌인지 알 수가 없는데요, 이들에게 공중전화는 요즘 사람들이 조선시대의 가마를 보는 느낌과 비슷합니다. 뭔지는 아는데 이용할 일은 없는 거죠.

태어나면서부터 스마트폰이 침대 옆에 있던 알파세대입니다. 이유식을 먹을 때도 스마트폰에서 흘러나오는 뽀로로나 아기 상어 노래를 들으며 먹었고요, 부모가 지친 육아를 잠깐 쉬려 하거나 다른 사람과 대화하려고 할 때도 스마트폰은 아기들의 손에 쥐어지게 됩니다. 그런 면에서 알파세대에게 스마트폰은 인생 최초의 친구인 셈이에요. 친숙할 수밖에 없죠. 그래서 온라인의 육아 무용담 같은 것을 보면 '2~3살짜리가 앱스토어에서 필요한 앱을 다운 받아 깔더라' 하는 이야기를 꽤 발견할 수 있습니다.

제가 스마트폰을 예로 들어서 그렇지 사실 Z와 알파세대는 스마트폰뿐 아니라 모든 디지털 기기에 친숙합니다. 특히 알파세대는 아기 때부터 이런 디지털 기기와 함께 크다 보니 전통적인 육아의 경험을 당황스럽게 만드는 일화들을 생산해 냅니다. 예를 들어 영국에서는 생후 18개월 된 아들이 처음 한 말이 엄마나 아빠가 아닌 '알렉사'였다는 일화가 신문에 소개되기도 했었죠.[6] 알렉사는 미국의 상거래 IT기업인 아마존이 만든 인공지능 스피커의 이름입니다. 알렉사를 외치고 노래를 들려달라거나 날씨를 알려달라거나 이야기를 들려달라는 등, 여러 정보를 음성으로 서비스 받을 수 있습니다.

디지털 온리

이렇게 뿌리 깊은 디지털 경험이 있는 Z세대와 알파세대이다 보니 이들은 생활패턴, 의식의 흐름, 문화, 관계의 형식 등, 모든 면에서 디지털적 특성이 강하게 나타납니다. 그 전 세대에서는 아날로그 라이프가 주고 그것을 보조하는 측면에서 디지털을 활용한 반면, 잘파세대는 디지털이 먼저고 때로는 디지털로만 이루어진 삶을 살았으니까요. '요즘 아이들은 집중력이 떨어진다', '문해력이 떨어진다' 하는 이야기들은 사실 모두 디지털적 특성을 반영하는 거예요. 이렇게만 보면 부정적으로 보이지만 이걸 다른 측면에서 보면 잘파세대는 멀티스태킹이 가능하고 영상 이해력이 뛰어나다는 이야기거든요.

잘파세대를 이해할 때 그 핵심 기조에 스마트폰으로 대표되는 디지털 트랜스포메이션을 염두에 두어야 하는 것은 당연합니다.

컴퓨터가 보급된 후의 인류의 삶은 라이프 스타일의 디지털 전환 과정이라고 볼 수 있습니다. 이제는 우리의 업무나 생활이 메타버스 같은 완전한 디지털 환경으로 갈 수도 있는데, 잘파세대는 아예 그런 환경에서 태어난 세대입니다. 지구라는 행성에서 많은 아날로그 태생의 이주민들이 이주 훈련을 받고 디지털 트윈으로 구축되는 디지털 세상으로 넘어가고 있는데, 잘파세대는 아예 디지털 행성에서 태어난 원주민들이라고 봐야 하는 것이죠. 그러니 당연히 특성이 다릅니다. 무중력, 다른 대기, 다른 태양의 조건을 받고 태어난 아이들이 지구에서 태어난 아이들과 같은 특성을 가졌을 리 없습니다. 그런데 지구의 규율로 새로운 행성의 아이들을 가르치고 가이드하려고 하면 당연히 문제가 생길 수밖에 없죠. 이들을 이해하고 같이 살아가려고 할 때는 디지털 행성의 원주민이라는 이들의 특성을 먼저 인정해야 합니다.

게다가 잘파세대에게 디지털 환경은 태생적으로 자연스러운 것이지만, 다른 세대의 아날로그 성향에 맞출 필요는 있거든요. 그런데 어떤 경험으로 인해 다른 세대들도 디지털 세상을 매우 광범위하게 겪게 되면서 잘파세대의 디지털에 대한 지향과 가치가 매우 빠르게 사회에 심어질 수 있었어요. 이 경험은 성장기, 학생기, 청년기 등, 인생의 중요한 시기를 지나던 잘파세대에게 여러모로 영향을 미쳤습니다. 바로 코로나로 인해 발생한 그 경험, 전 세계 셧다운이라는 초유의 경험 말이죠.

전 세계 셧다운이라는 초유의 경험

잘파세대를 관통하는 사회적 경험
Part2: 코로나

MCU라는 세계관을 구축한 마블에서 지금도 유명한 캐릭터가 빌런인 타노스입니다. 마블의 슈퍼 히어로 영화를 단 한 편도 보지 않은 분도 타노스라는 이름은 한 번쯤 들어보신 분이 많은데요, 영화에서 빌런인 타노스가 일으킨 전 세계적인 사건이 '블립'이에요. 지구뿐 아니라 전 우주의 인구의 반을 사라지게 한 사건입니다. 하지만 MCU에서는 5년 후 히어로들이 힘을 합쳐서 블립으로 사라진 사람들을 다시 원래대로 돌려놓습니다. 5년이라는 시간의 흐름은 인정하고 말이죠. 그 후 MCU에서 묘사하는 사람들은 이 블립이라는 전 세계적인 사건으로 인해 정신적으로, 생활적으로 영향받은 모습이 정말 많아요. 5년간 사랑하는 가족을 잃었던 경험을 한 사람이 아무 일도 없었던 듯이 산다는 것은 말이 안 되잖아요.

MCU에서 블립과 그 이후 복원까지의 사건을 〈엔드게임〉이라는 영화에서 묘사한 게 2019년 4월인데요, 1년 만에 영화에나 나올 만한 사건이 벌어졌어요. 바로 코로나로 인해 3년여 정도 전 세계가 봉쇄되는 사건 말이죠. 이 사건은 잘파세대를 이해하는 데 결정적인 키워드가 될 수밖에 없습니다. M세대의 유년기에 닥친 IMF의 기억처럼, 예고 없이 찾아와 큰 흔적을 남긴 세계적 공통 경험의 사건이니까요.

코로나로 인한 충격은 IMF처럼 국지적이지 않고 글로벌한 관점에서 보면 IMF는 한국이 가진 특별한 경험이니까요. 그야말로 전 세계적이었습니다. 코로나 초창기만 해도 전 세계적인 셧다운까지 갈 거라고는 아무도 생각하지 못했어요. 당연히 어떤 준비도 없이 우리는 갑자기 대면 세상에서 비대면 세상으로 전환되어야 했습니다. 하지만 이 상황을 받아들이는 법은 성인과 아이가 조금은 다릅니다. 성인에게는 이 상황이 대면 세상에서 살다가 비대면 세상에 갇히게 된 경험이었다면, 성장기 아이에게는 비대면 세상에 적응한 시간이었어요.

코로나는 2019년 12월께에 처음 보고 되었고 2020년 1월부터 아시아권을 시작해 전 세계로 퍼져나가기 시작합니다. 한국인을 비롯한 전 세계 사람들이 잠시 우산 안에 들어가 피하고 있으면 소나기가 지나가겠거니 하는 심정으로 대면 활동을 피하기 시작했는데, 이 칩거가 상당히 장기화 됩니다. 코로나 때문에 대학에 붙었어도 대학교에 등교하지 못한 2020학번들은 2022년 하반기가 되어서야 조심스럽게 학교에 갈 수 있었거든요. 그러니까 대학교 1학년과 2학년은 그냥 집에서 보내고 3학년 2학기가 되어서야 비로소 대학 캠퍼스 생활을 시작한 거예요. 학교에 등교를 시작하자마자 취업 준비를 하게 된 겁니다. 이 친구들은 2023년에 대학교 4학년이 되고 2024년에 본격적으로 사회에 나갑니다.

많은 사람이 대학 시절에 안 좋았던 기억 중 하나로 조별 모임을 뽑습니다. 조별 모임에서 좋은 사람들과 만나서 즐겁게 한 학기를 보냈던 기억이 있는 사람들도 있겠지만, 조원 중 단 한 명이라도 프리라이더가 껴 있다면 다른 조원 모두에게 그다지 좋은 기억이 안 남는 거죠. 그래서 확률적으로 조별 모임에 대한 기억은 안 좋을 확률이 더 높습니다. 6명 조원 중에 1명만 프리라이더여도 5명의 희생자가 나오는 거거든요.

프리라이더라는 말은 국어사전에도 올라와 있어요. '학교에서 조별 과제를 할 때 아무런 노력이나 참여를 하지 않는 사람'이라는 뜻입니다. 이런 사람들이 있으면 결국 책임감 있는 몇 명만 독박을 쓰게 되고 공평하지 않은 상황이 자꾸 발생하거든요. 그런데도 교수님들은 왜 조별 모임을 지속하는 것일까요?

다른 교수님의 경우는 잘 알 수 없지만, 제가 가끔 조별 모임을

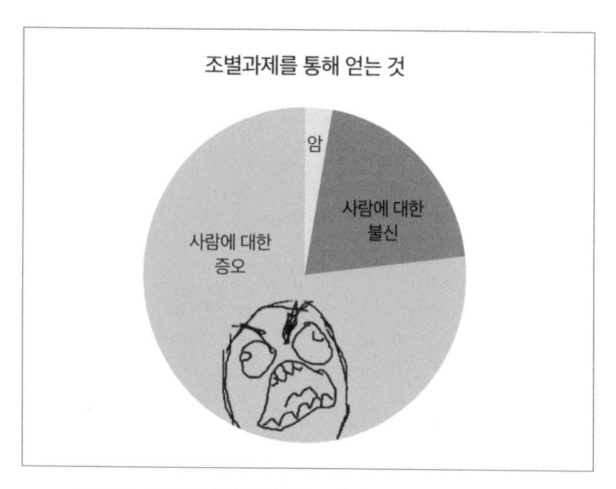

조별 과제에서 사람에게 받는 상처를 유머로 표현한 밈

시키는 이유는 사회에 나가서 당할 수 있는 부당한 상황을 미리 좀 겪어보게 하기 위함입니다. 조별 모임의 빌런인 프리라이더는 사회에 나가면 반드시 있거든요.(그 버릇이 어딜 가겠어요.) 그것도 그런 사람들이 꼭 직장 상사로 있단 말이죠. 프리라이더에 대한 내성이 생기지 않은 상태에서 잘못하면 신입사원들이 사회생활 초창기에 튕겨져 나가는 일이 발생할 수 있어요. 그래서 조별 모임을 통해 이런 상황을 미리 겪어 예방주사를 맞게 할 목적이 있었던 거죠.

본격적으로 사회에 진출하는 코로나 봉쇄 경험자들

그런데 이제 코로나 때 대학 생활을 한 이른바 코로나 학번이 조별 모임 같은 대학의 여러 단체 생활을 거의 겪어보지 못하고 대거 사회에 진출하게 됩니다. 조별 모임, 동아리, 스터디 모임, 공모전 모임 등, 대학 생활에서 했을 법한 여러 단체 생활, 조직 생활을 글로 배운 세대인 거죠. 그렇다고 그보다 어린 학생들은 괜찮을까 생각하면 고등학교 시절을 혼자서 보낸 친구들이거든요. 친한 친구들이야 어떻게든 만났겠지만, 애매한 사이의 관계라든가 덜 친한 사이에서의 관계 형성에 대한 사회화 학습이 좀 덜 되어 있을 수밖에 없죠.

더 밑으로 알파세대로 내려가면 놀이터에서 놀다가 친구를 만나는 등의 사회화를 배우는 과정이 생략되어 있어 더 문제시되고 있습니다. 마스크를 쓰느라 다른 사람의 얼굴을 보면서 소통을 한 경험이 적어서 공감 능력이 떨어진다는 이야기도 있고요.

그러니까 코로나로 인한 셧다운은 오프라인 만남의 기회를 빼앗았는데, 이미 사회화 경험이 있는 세대에게는 사람을 만나지 못하게 되는 답답함을 그저 참아야 하는 기간이었지만, 성장기에 이 시기를 거친 세대에게는 소통과 친화 능력에 대한 경험을 상당 부분 앗아간 사건이었습니다. 원래 외향적인 사람은 어느 정도 극복이 가능하겠지만, 내향적인 사람은 사회화를 연습할 기회를 많이 잃게 된 셈이에요.

코로나로 인해 인간관계와 사회생활 경험이 현저하게 적은 세대가 본격적으로 직장생활을 시작하는 때가 2024~2025년 이후입니다. 그래서인지 인사를 담당하는 분들에게 물어보면 회사에서는 아직 새로운 세대에 대해서 소문만 들었지 확 와 닿는 것은 없다고 말씀하시는 분들이 많더라고요. 반면 자영업을 하시는 사장님들은 혀를 내두릅니다. 완전히 다르다는 거예요. 이른바 MZ세대 아르바이트생을 상대하면서 나름 산전수전 다 겪었다고 생각했는데, 요즘 겪는 잘파세대 아르바이트생은 도무지 어떻게 대해야 할지 모르겠다는 하소연도 가끔 듣습니다. 코로나 세대가 취업까지 도달하진 않았지만, 아르바이트로는 많이 투입되었거든요. 그래서 자영업을 하시는 분들에게서 먼저 새로운 세대의 두려움에 관한 이야기가 나오는 거죠. 앞에 사례로 들었던 당일 아침에 '비를 뚫고 갈 자신이 없어서 못 나가겠다'고 사장님에게 톡으로 통보한 아르바이트생의 에피소드처럼 말이죠.

'지금·여기'서 행복하기

코로나의 경험은 비대면이라는 특징을 유발하기도 했지만 '지금·여기'라는 현재적 감각을 우리 생각의 중심부로 끌어올리는 역할을 했어요. 저는 코로나 직전까지 매주 월요일에 제주대에 강의를 나갔었는데, 매주 제주도를 오가니 학생들이 좋은 카페가 생겼다고 추천을 해줘도 나중에 가면 되겠지 하는 생각에 계속 안 갔거든요. 그러다가 갑자기 코로나가 와서 대면 강의가 없어지니까 '다음에 여유 있을 때 가야지'하는 생각에 계속 미루기만 했던 제주도 핫플레이스를 가지 못한 것이 정말 후회되더라고요.

이런 경험이 저뿐만 아니라 많은 사람에게 매우 광범위하게 일어났습니다. 코로나 전에는 할 수 있는데도 다음에 해야지 하고 미뤄두고 안 했던 일들이, 코로나로 인해 강제적으로 못 하게 되니까 그에 대한 후회와 아쉬움이 심하게 남았습니다. 특히 즐겁고 행복한 일들이 그렇습니다. 아이들과 놀이공원 가기, 가족들과 강변 카페 가보기, 날씨 좋은 날 양평에서 자전거 라이딩하기 등, 적당한 때 해야지 하고 미뤄둔 일들을 하고 싶어도 못 하게 되니까, 적당한 때란 그 일을 해야겠다고 생각한 바로 그때라는 것을 알게 된 거죠.

행복을 완성하는 조건 중에는 시간축도 굉장히 큰 비중을 차지한다는 것을 사람들이 알게 되었어요. 지금 이 순간에 실현되지 않은 행복은 행복이 아닙니다. 미래로 유예한 행복은 바꾸지 않은 주식과 마찬가지예요. 코로나의 경험을 통해 사람들은 행복을 유예해서는 안 된다는 감각에 많이 공감하게 되었습니다.

그런데 자기 계발을 하고 미래를 설계하는 사람들은 언제나 행복을 '언젠가'에 둡니다. 미래에 두는 거죠. 하지만 코로나를 겪어보니 미래는 우리가 생각한 대로 고분고분 오지 않는다는 것을 알게 된 거죠. 결국 행복을 유예해봤자 이자가 붙기는커녕 저축했을 때의 모습 그대로 행복을 인출하기도 힘들어요. 그렇다면 '지금, 이 순간, 여기에서' 행복하자는 겁니다. 행복을 미래로 보내면 행복의 크기가 더 커질 줄 알았는데, 커지기는커녕 없어지고 그때그때 일어나는 문제들 때문에 결코 행복에 도달할 수가 없거든요. 그래서 잘파세대는 행복을 미루지 않습니다. 자기 계발보다 자기 만족이 중요하고, 확실치 않은 3개보다는 확실한 1개가 훨씬 나은 겁니다.

눈앞에 있는 순간에 최선을 다해 살아갈 뿐

이런 시대에 성장기를 보낸 잘파세대에게 자기 계발이나 성공 같은 키워드는 지향점 아닌 지양점이 됩니다. 저축하고 노력하고 일을 배우는 이유는 대부분 미래를 위한 것인데, 미래에 대해 의문을 가지고 있으니 과정에 힘이 실릴 수가 없죠. 그렇다고 성실하게 최선을 다해서 살지 않는다는 건 아닙니다. 하루하루에 최선을 다하지만 큰 미래를 그리지 않은 채 주어진 조건에 최선을 다하는 거예요.(물론 이런 현상의 배경에는 미래를 그려봤자 노동소득이 자본소득을 넘어설 수 없다는 현실적 자각도 큰 비중을 차지합니다.)

국민 MC라는 칭송을 듣는 방송인 유재석 씨는 여러 방송에서 꿈을 묻는 질문에 대해 "나는 먼 미래를 꿈꾸지 않는다. 그냥 하루하루 주어진 조건에 최선을 다해 살 뿐이다"라고 말합니다.

시인 나희덕 씨는 한 인터뷰에서 이렇게 얘기하기도 했어요.

"궁극적 목표든 임시적 목표든 세운 일이 없다. 목표를 세워봤자 그대로 된 적이 없고 늘 다른 돌발상황이 발생했기 때문이다. 학교 다닐 때도 몇 등을 하겠다, 이걸 갖고 싶다, 무엇을 이루겠다 하는 생각이 없었다. 눈앞에 있는 한순간 한순간을 최선을 다해 살아낼 뿐이다. 외부적 목표를 세우기보다는 내면을 잘 살펴서 삶의 방향이나 태도를 돌아보는 게 더 중요하다고 생각한다."[1]

잘파세대는 거창한 미래를 꿈꾸고 그 미래를 향해 매진하자는 말보다 이렇게 '큰 목표를 세우지 말고 지금 이 순간에 충실하자'는 말에 더 공감하는 거예요.

코로나, 정확하게는 코로나로 인한 3년여 간의 셧다운, 사회화 경험의 단절, 제한된 커뮤니케이션의 한계 등의 경험은 전 인류에게 상처를 남겼지만, 성장기에 이런 사건을 경험한 잘파세대에게는 하나의 상처 정도가 아닌 깊숙한 양각 각인이 되었습니다. 우리 사회가 수십 년이 지난 후에도 IMF 이야기를 계속하듯이, 앞으로 상당히 많은 시간 동안 코로나 이야기를 할 수밖에 없을 겁니다. 이 경험들이 우리의 사회와 문화, 경제와 역사를 어떻게 바꿨는지 분석해가면서 말이죠.

디지털과 코로나는 잘파세대의 대뇌피질과 해마에 각각 저장되었습니다. 이 기억들은 잘파세대의 특징을 만드는 가장 근본적인 상황과 환경이 된 것입니다.

PART

잘파세대를 이해하는 4가지 키워드

디지털 온리:
노인들이 존경받지 못하는
숏타임의 사회

갈수록 짧아지는 콘텐츠들

'짧다'라는 개념은 매우 상대적입니다. 소인국에 간 걸리버는 거인이지만 거인국에 간 걸리버는 아이의 인형을 대신할 정도의 크기인 소인에 불과합니다. 걸리버의 사이즈 자체는 변하지 않았는데 말입니다.

그렇지만 지금의 콘텐츠 상품이나 서비스의 호흡이 매우 짧아지고 있다는 데 대해서는 많은 분들이 절대적 공감을 표하실 거예요. 그것도 매우 빠르게 짧아지고 있어요. 드라마를 예로 들어보죠. 1980~1990년대에는 1,088부까지 방영된 전원일기 같은 드라마가 있었어요. 보통 대하드라마는 100부 정도 방영이 되었습니다.

1990년대에 방영한 〈용의 눈물〉은 159부였고 2000년대에 방영한 〈불멸의 이순신〉은 104부였죠. 한류를 일으키는 데 결정적 역할을 했던 드라마 〈대장금〉도 54부작이고요.

2000년대에 들어와서도 긴 호흡의 드라마는 간혹 있었지만, 16부작 드라마가 대세를 이루게 됩니다. 그런데 16부작 시리즈를 일컬을 때 '미니시리즈'라는 표현을 씁니다. 요즘에는 16부작 드라마가 나오면 대하드라마 취급을 받을 텐데, 이때는 '미니'로 여겼다는 거죠.

요즘 사람들은 16부작이나 되는 늘어지는 드라마를 볼 여유를 가지기 힘듭니다. 보통 미니시리즈는 1주일에 두 번 방영을 하는데, 그러면 16부작을 다 보는 데 7~8주 정도 소모해야 하거든요. 하나의 콘텐츠에 그렇게 많은 시간을 투자한다는 건 다소 부담스러운 일이에요.

그래서 넷플릭스 같은 OTT는 아예 한 번에 시리즈를 공개하는 전략을 택했습니다. 실제로 고려대 미디어학과 연구진은 〈다채널 미디어 환경에서의 TV 시청에 대한 탐색적 연구〉라는 논문에서 시청자들이 몰아보기 성향을 가진다고 분석했습니다. 분석 대상 드라마 대부분에서 넷플릭스 총 시청 시간은 TV에서 해당 작품이 종영한 주에 최고점을 기록했다고 합니다.[1] 시청자들이 드라마가 완결될 때까지 참았다가 한 번에 몰아본다는 얘기예요. 안 그러면 다음 주까지 그 드라마에 잡혀서 기다려야 하니까요. 사실 이 논문의 내용은 체감적으로는 다 아는 사실인데, 그 부분을 실증한 겁니다.

최근 드라마들이 사용하는 전략을 보면 기본적으로 짧게 만듭니다. 세계적으로 히트를 한 〈오징어 게임〉은 9부작이고 〈수리남〉 같은 경우는 6부작이었죠. 아니면 〈더 글로리〉처럼 16부작이긴 한데 8부씩 끊어서 공개하는 방식을 택해 관심의 강도를 유지하는 방법도 있습니다.

웹에서는 이 길이가 더욱 노골적으로 짧아집니다. '웹드'라고 해서 웹드라마 같은 장르도 활발하게 소비되는데, 웹드는 한 편 길이가 10분 내외예요. 웹드를 전문으로 제작하는 치즈필름의 〈여동사친〉 1회 '어느 날 여동생이 생겼다'는 조회수가 900만이 나올 정도로 인기를 누렸습니다. 이 〈여동사친〉의 10개 에피소드 중에 제일 긴 것은 10분 22초고, 제일 짧은 건 4분 17초예요. 몰아보기로 10편을 한 번에 다 돌려 봐도 전체 러닝타임이 1시간 11분 29초입니다. 그러니까 1편의 길이가 평균 7분인 셈이에요.

드라마뿐 아니라 전반적으로 콘텐츠의 길이가 짧아졌어요. 스케치 코미디라는 장르는 짧은 장면으로 구성된 1~10분 정도의 에피소드 위주의 코미디를 말해요. 그 스케치 코미디가 방송에서 개그나 코미디 프로그램의 빈자리를 메워주면서 유튜브의 중요한 콘텐츠로 급부상했는데, 스케치 코미디에서 가장 유명한 팀은 300만 가까운 구독자를 자랑하는 김원훈, 조진세, 엄지윤 세 명의 개그맨이 운영하는 '숏박스'라는 채널입니다. 이 채널에 올라오는 콘텐츠를 보면 5~6분 내외의 영상이 많아요. 짧은 건 3분 정도의 영상도 있고 길어도 8분 정도가 최대입니다. 최근 인급동(인기 급상승 동영상)에 자주 올라가며 기세를 타고 있는 스케치 코미디 채널인 '떱'은 이보다 영상 길이가 1~2분 정도 더 짧아요. 평균 3~5분 정도의 콘텐츠가 가장 많습니다.

유튜브나 릴스, 틱톡 등은 노골적으로 긴 호흡의 동영상보다는 30초 정도에서 끊기는 짧은 동영상을 밀어주고 있습니다. 특히 유튜브 알고리즘을 보면 갈수록 쇼츠를 밀어주는 방향으로 개편되고 있어요. 유튜브 앱을 보시면 예전보다 쇼츠가 많이 뜨는 걸 확인할 수 있으실 거예요. 심지어 뮤직비디오를 숏폼 형태로 무작위로 소개하는 기능까지 선보이고 있습니다.[2]

짧아지는 사회

영상 콘텐츠뿐만 아니라 사회 여러 가지 분야에서 이 짧아짐 경향이 나타나고 있습니다. 현재 청년층의 첫 직장 평균 근속기간은 1년 6개월입니다.[3] 그런데 2004년에는 평균 21.4개월[4], 그리고 2010년에는 평균 19개월이 됩니다.[5] 시간이 지나면서 조금씩 계속 짧아지고 있는 겁니다.

BTS는 2013년 6월 13일에 데뷔했는데, 2017년 《LOVE YOURSELF》 시리즈부터 빌보드 핫 100에 진입했습니다. 2020년 9월에는 〈Dynamite〉로 한국 가수 최초로 빌보드 핫100 1위를 달성했고요. 반면 같은 소속사 걸그룹인 뉴진스는 2022년 7월에 데뷔합니다. 그리고 2023년 1월, 데뷔 6개월 만에 〈Ditto〉로 빌보드 핫100에 입성합니다. 그리고 1년이 후에는 미니 2집 〈Get Up〉을 빌보드 200의 1위에 올립니다. 물론 BTS가 닦아 놓은 K-POP의 글로벌 인기가 바탕이 되었기에 뉴진스가 조금 더 빠르게 원하는 목적지에 도달할 수 있기도 했지만, 전 세계적으로 음악이 확산되고 소비되는 속도가 더 빨라졌기 때문이기도 합니다.

가속화된 사회, 더 빠른 잘파세대

콘텐츠의 유통 주기나 홍보에 걸리는 시간이 짧아진 데는 기술적인 이유가 있습니다. 인터넷, 모바일 등의 발달과 보급입니다. 지난 몇십 년간 디지털 기술의 발달이 급격하게 일어났고 사회는 그 기술을 적극적으로 활용하고 향유하고 있습니다. 특히 디지털 기술은 가속력이 매우 빨라서 시간이 지남에 따라 발전의 속도가 눈부십니다. 앉아 있는 사람이 가속의 중압감에 못 견딜 정도로 말이죠.

특히나 스마트폰, 4차산업혁명, OTT, 메타버스, NFT, Web3, Chat GPT로 대표되는 생성형AI등, 최근 10여 년간의 디지털 기술의 변화는 눈부십니다. 그 기술들을 활용한 콘텐츠, 서비스, 상품의 변화도 그에 못지않게 발전했고요. 뉴진스는 데뷔 1년밖에 안 된 시점에서도 숏폼 콘텐츠가 많이 나왔어요. 한 번이라도 뉴진스 노래를 클릭한 사람이라면 그다음에는 알고리즘에서 폭격하듯이 뉴진스의 숏폼 콘텐츠를 스마트폰으로 받게 됩니다.

예전에는 영화가 개봉해서 히트하더라도 그것을 세계 곳곳에서 향유하기까지는 6개월에서 1년 정도의 시차가 발생했습니다. 한국에서 개봉한 할리우드 영화가 일본에서는 아직 개봉하지 않는 경우도 왕왕 있었죠. 그런데 OTT의 발달과 보급으로 전 세계 동시 공개를 하게 되면서 〈오징어 게임〉의 주연 배우인 이정재가 전 세계적인 인지도를 얻기까지 걸린 시간은 한 달도 되지 않습니다. 전 세계에서 동시에 같은 영화를 즐길 수 있게 되자 영화 홍보는 짧은 시간에 많은 물량을 집중하는 방식으로 바뀌었습니다.

여러 가지 스마트폰 앱의 개발과 5G의 보급, 그리고 데이터의 사용량이 이를 감당할 수 있게 되면서, 세계는 점점 실시간으로 정보를 공유하게 됩니다. 하나의 밈이 히트하면 순식간에 세계적인 공유가 이루어집니다. 세계적으로 히트하지 못하는 이유가 콘텐츠의 퀄리티 때문이지 기술 때문은 아니거든요.

기술의 발달은 사회의 변화 속도를 점점 가속 시키고 있어요. 문제는 이런 사회에서 살아가야 하는 탑승객들입니다. 매번 최고 속도를 경신하는 이 변화의 시대에 살아남기 위해서는, 변화에 대한 정보를 빠르게 캐치해서 적응해야 하거든요. 그때 가장 중요한 것은 빠르게 필요한 정보를 이해하고 분석해 받아들이는 능력입니다.

정보를 폭넓게 받아들이고 가능한 한 빠르게 핵심을 파악하는 능력은 현대인에게는 수렵과 채집 생활을 하던 사람들이 독이 든 과일을 구분하는 능력만큼 중요한 능력이 되었습니다. 생존과 밀접한 관계가 있다는 말이니까요. 사실 핵심을 파악하는 데까지 가지 않더라도, 정보를 빠르게 스캔하고 그것이 자신에게 도움이 될 만한 정보인지 아닌지 빠르게 판단하는 정도만 돼도 현대사회의 정보경쟁력으로는 충분합니다. 그래서 현재 기업에 취업하기 위한 전형 과정 중에 서류 다음에 치러지는 필기시험은 바로 이런 능력을 테스트하는 방식으로 치러지고 있습니다. 삼성의 GSAT나 SK의 SKCT, 현대차의 HMAT 등이 모두 기업 적격성 시험으로 짧은 시간 안에 언어나 수리적인 정보를 얼마나 빠르고 효과적으로 처리하는지를 알아보기 위한 시험이죠. 공기업에서 보는 NCS 직업기초능력시험이나 7급 이상 공무원시험에서 치러지는 PSAT도 모두 같은 성격의 시험이에요.

기업이나 조직이 암기 시험이 아닌, 정보를 빠르게 이해하고 활용하는 능력을 테스트한다는 것은 그것이 그만큼 현대인에게 경쟁력이 되는 능력이라고 생각해서입니다. 이런 능력을 가진 사람이 사회에서, 또 비즈니스에서 성공할 가능성이 높으니까 바로 그런 사람을 뽑는 것이고요. 잘파세대가 짧은 것에 익숙하고, 짧은 것을 선호하는 것처럼 보이지만, 사실 이런 특성은 가속화된 디지털 세상에 빠르게 적응한 결과라는 거죠.

줄임말과 이모티콘

디지털 사회의 속도는 엄청나게 빠른 정보처리능력을 우리에게 요구합니다. 그러다 보니 우리의 지각이나 인식능력도 이에 맞춰서 적응하고 있어요. 하지만 텍스트를 읽거나 빠르게 정보의 맥락을 이해하는 능력이 필요하다고 해서, 모두가 그런 능력을 가지게 되는 것은 아닙니다. 오히려 수용자의 능력이 향상되기보다는 정보의 발화 형태가 그런 방향으로 적합하게 가공되어서 전달되는 방향으로 발전하게 되죠.

우리에게 전달되는 정보의 형태가 짧아지고 있어요. 우선 멀쩡한 말을 자꾸 줄여서 쓰는 경향이 생겼죠. 그래서 예능에서는 '신조어 맞추기'라고 해서 제시하는 줄임말이 원래 무슨 뜻인지 맞추는 퀴즈가 종종 나옵니다. 〈1박 2일〉이나 〈삼시세끼〉로 유명한 나영석 PD가 론칭한 〈뿅뿅 지구오락실〉이라는 예능은 4명의 젊은 여성 출연자에게 나PD와 제작진이 쩔쩔매는 구도로 진행됩니다. 그런 구도를 상징적으로 보여준 에피소드가 '알잘딱깔센' 에피소드예요. 알잘딱깔센은 '알아서 잘 딱 깔끔하고 센스있게'라는 뜻의 줄임말입니다. 〈뿅뿅 지구오락실〉의 제작진이 절대음감이라는 게임을 하면서 이 키워드를 제시했는데 '알잘깔딱센'이라고 잘못 낸 거예요. 그것을 출연자 중 한 명인 걸그룹 아이브의 멤버 2003년생 안유진이 "알잘딱깔센 아닌가요? 땡!"하고 지적한 겁니다.

사실 그게 무슨 차이가 있나 싶고 그게 그것처럼 보이죠. 이런 걸 꼭 줄여야 하나 싶은 생각도 들고요. 하지만 요즘 웬만한 말은 다 줄여서 쓰고, 그 말을 알아들어요. 줄임말이다 보니 의미가 전이되는 경우도 생깁니다. '자만추' 같은 경우는 '자연스러운 만남 추구'라는 말에서 '자고 나서 만남 추구'라는 말로 의미가 전이되기도 했습니다.

줄임말은 아니지만 메신저로 대화를 하다가 줄임말처럼 사용하는 것이 이모티콘입니다. 이 이모티콘의 사용도 많이 늘었습니다. 2023년 상반기에 국민 메신저인 카카오톡 채팅방에서 하루 평균 약 7천만 건의 이모티콘이 오간 것으로 집계되었습니다. 2022년과 비교하면 6개월 만에 일 평균 6천만 건에서 7천만 건으로 1천만 건이 늘었다고 합니다.[6]

'넵', '감사합니다', '즐거운 주말' 등 여러 가지 이모티콘을 써보신 분들이 있을 텐데, 유머러스하기도 하지만 일단 텍스트로 표현하려면 조금 더 생각해야 할 답장을 간단하고 명쾌하게 만들어 주는 역할을 하잖아요. 서로 대화를 이어가다가 이모티콘이 나오면 이제 그만하자는 무언의 합의이기도 하고요. 대화에 필요한 정보와 감정을 응축해서 전달하는 역할을 하는 것이 바로 이모티콘이죠.

영상 정보와 텍스트 정보의 차이

줄임말이라는 형태로 정보를 짧게 전달하기도 하지만, 보통 더 효율적인 방법은 텍스트가 아닌 사진이나 영상, 음성 등의 형태로 정보를 전달하는 것입니다. 영상이나 사진, 음성이라는 정보 전달의 방법은 상당히 직관적이어서 뜻을 해석하거나, 이해하려고 애쓰기보다는 그냥 받아들이면 되는 경우가 많습니다. 그래서 정보를 받아들이는 입장에서 보면 사진이나 영상, 음성과 같은 정보 전달 방법은 능동적이기보다는 수동적인 방법입니다. 그래서 미래 사회에서의 핵심 경쟁력은 책을 읽는 능력이라는 예측이 많이 나옵니다. 조금 더 과격하게는 문해력이 있는지 없는지로 미래 사회의 계급 차이가 발생할 수 있다고 말하기도 합니다.

영상으로 다양한 정보를 보면 되지 않나 하고 생각하는 분도 계시겠지만, 같은 시간 안에 받아들이는 정보의 양에서 차이가 납니다. 예를 들어 제가 유튜브에서 1분 23초짜리 SBS의 뉴스 클립을 본다고 할 때, 제가 찾아본 뉴스의 정보는 글자 수로 484자였습니다.[7] 한 시간짜리 뉴스가 보통 40~50분 정도라고 한다면 이런 꼭지가 30개 정도 들어갑니다. 그랬을 때 정보의 양은 14,520자인 셈입니다. 그런데 같은 내용이 신문으로는 한 면에 광고를 제외하고 5,472자 정도 되었습니다.[8] 조금 여유 있게 기사가 들어가더라도 평균적으로 4,000~5,000자라고 할 수 있습니다. 이런 비례라면 신문 3면이면 9시 뉴스 분량의 정보가 통째로 들어가는 셈이에요. 그런데 보통 신문을 읽는 사람들은 40페이지 정도 되는 신문을 1시간 정도에 봅니다. 그렇게 계산하면 1시간에 받아들이는 정보의 양이 13배 차이가 납니다.

물론 이 계산은 대략적으로 한 것입니다. 하지만 여러 샘플을 통해 정확하게 통계를 내볼 필요까지도 없는 게, 직관적으로 종이신문을 볼 때의 정보량과 영상으로 같은 정보를 볼 때의 정보량에 차이가 있다는 것은 대부분 느끼고 있을 것이기 때문입니다. 요즘에 종이신문으로 정보를 취하는 사람은 많지 않지만, 스마트폰으로도 텍스트를 읽는 사람이 있고, 영상을 보는 사람이 있고, 음성만 듣는 사람이 있잖아요. 이때 정보 습득의 양을 생각하면, 같은 시간을 투자했을 때 텍스트를 읽는 사람이 훨씬 더 많은 정보를 얻을 수 있다는 겁니다.

그리고 또 하나 차이점이 있는데 텍스트로 볼 때는 조금 더 머리를 쓰고 생각하며 정보를 받아들이는 데 비해, 영상으로 정보를 대할 때는 보통 무비판적으로 받아들인다는 것입니다. 영상을 보면서 음성과 음성 사이에 생각할 시간을 갖지 못하거든요. 그리고 최근의 유튜브 영상은 중간에 늘어지지 않도록 말의 문장과 문장 사이를 매우 빠르게 이어지게 하기도 하고요. 미국 신경심리학자 매리언 울프는《책 읽는 뇌》에서 "'읽는 능력'이 우리 문명에서 가장 중요한 자질"이라 말하며 "독서는 뇌가 새로운 것을 배워 스스로 재편성하는 과정으로, 독서의 핵심은 사색하는 시간"이라고 했습니다.[9]

텍스트로 정보를 받아들인다는 것은 AI시대를 살아갈 인간으로서 경쟁력을 기른다는 의미나 마찬가지인데, 영상으로 정보를 받아들이면 그런 훈련을 쌓을 기회를 가지지 못합니다. 그런 면에서 보면 영상으로 정보를 받아들이는 사람들은 점점 사색과 배움, 편집과 추론 능력을 상실해 가는 것이죠.

갑자기 튀어나온 '귀여운 강아지'

잘파세대의 정보 습득 방법은 '읽기'보다는 '보기' 입니다. 그리고 그런 정보조차도 길면 안 돼요. 유튜브 영상도 8분짜리를 보는 것이 아니라 30초짜리 쇼츠나 릴스로 봅니다. 그러다 보니 정보에 기승전결이 없어요. 논리적 인과를 만들거나 스토리를 만들 시간이 없는 겁니다. 그러니 냅다 춤을 추는 거죠. 개와 고양이 영상, 아기나 동물의 귀여운 영상이나 사진은 특별한 서사를 만들 필요가 없어요. 언어가 필요 없는 귀여운 장면 하나만 있으면 전 세계적으로 '좋아요'를 받을 수 있어요.

그리고 정보와 이야기가 있다고 해도 기승전결이나 체계적인 논거와 주장의 논리를 갖추기보다는 그냥 결결결로만 구성되는 경우가 많습니다. 핵심만 전달하는 것인데, 효율적인 정보 전달 방법이긴 하지만 근거가 없이 결론만 있다는 것은 곧 비판의 포인트도 없다는 뜻입니다. 그저 받아들일 수밖에 없는 거죠.

그리고 기승전결이 없으므로 당연히 맥락도 없습니다. 정보에 맥락이 없으면 정보가 파편화됩니다. 정보를 받아들이는 뇌가 이렇게 파편적인 정보에 고정되면 생각하는 방식 역시 그렇게 되기

여행을 계획하며 갈만한 곳을 추천하다가 갑자기 '귀여운 강아지' 사진을 보낸 잘파세대의 카톡방 캡쳐

쉬워요. 잘파세대들이 나누는 대화가 분절적이고 맥락 없게 들리는 것은 이 때문입니다. 그들의 머릿속에는 분절적이지만 빠르게 생각이 이어지고 있는데 그 생각을 꺼내고 말하는 과정이 생략되어 있어서 듣는 사람의 입장에서는 갑자기 이야기가 전환되고 엉뚱한 말이 나오는 거예요.

아날로그식으로 신호가 죽 이어져야 대화의 맥락을 잡을 수 있는 부모 세대에 비해 분절적인 디지털 세상에서 사는 잘파세대들은 신호가 툭툭 끊어지더라도 대화를 이어갑니다. 맥락으로 이해하거나 그러려니 하거나 하면서 말이죠. 저희 딸들이 친구들과 도쿄 여행을 계획하면서 단톡방을 만들어 이야기를 하는데, 여행 멤버 중 한 명이 자기가 도쿄에서 먹고 싶은 것을 뽑아 놓았다면서 추천을 시작한 거예요. 그런데 계속 카페나 음식점 사진이 이어지다가 갑자기 '귀여운 강아지' 사진을 공유했습니다. 그런데 단톡방의 다른 멤버들이 '뭐야?', '왜?' 같은 말을 하지 않았습니다. 그냥 그러려니 하는 거예요.

알파세대인 아이와 대화를 하다가 아이가 갑자기 맥락 없이 말을 바꾼다며 화내는 부모가 있는데, 그 아이의 머릿속에는 나름의 연결과정이 분명히 있을 겁니다. 그런 과정을 일일이 공유하지 않을 뿐이지요. 그리고 과정을 공유한다고 해도 이해하기 어려울 수도 있습니다. 연결의 고리가 주제가 아닌 소재일 경우가 많기 때문이에요. 쇼츠나 릴스의 영상이 그렇듯 말이죠.

집중력은 약하지만 멀티력은 강하다

잘파세대들은 집중력이 강하지 않습니다. 어릴 때부터 즉각적인 만족을 주는 플랫폼에 노출된 그들은 자신의 필요가 즉시 충족되기를 기대하고, 그렇지 않으면 가차 없이 집중을 멈춥니다. 재미있는 쇼츠를 보다가도 쇼츠가 너무 길어지면 웃음 포인트가 나오기 전에 콘텐츠를 위로 밀어 올려버립니다.

그러다 보니 콘텐츠들은 CG로 범벅된 압도적인 싸움 장면이나 흥미진진한 미스터리, 아니면 말초신경을 끌어당기는 자극적인 설정 등으로 앞머리를 사로잡지 않으면 관심이 이어지기 어렵습니다. 유튜브나 넷플릭스가 이런 콘텐츠밖에 없어서 현대인의 콘텐츠 소비수준을 저하시킨다고 비판하는 분이 많은데, 대중이 이런 콘텐츠를 주로 소비하기 때문에 이런 콘텐츠가 양산되는 것이기도 합니다. 사실 닭과 달걀 중에 어느 것이 먼저인가의 문제인 거죠.

이렇게만 이야기하면 잘파세대가 무척 부정적으로 보이지만, 긍정적인 점도 분명히 있습니다. 잘파세대는 집중력이 약한 대신 분산력이 강합니다. 수많은 정보를 빠르게 받아들여야 하기 때문인데요, 공부하는 자녀의 방에 들어가 보면 TV로는 음악방송을 틀어놓고 태블릿PC로는 필요한 자료를 검색하면서 스마트폰으로는 친구와 카톡으로 대화하는 장면을 쉽게 보실 수 있을 겁니다. 물론 숙제를 같이 하면서 말이죠. 부모 입장에서는 '이렇게 정신머리 없이 여러 가지를 하고 있는데 이 아이가 공부를 하고 있을 리 없다'라고 생각하기 쉬운데, 그 아이는 분명 공부를 하고 있는 겁니다. 하나에 오래 집중하지는 못하지만 여러 가지를 가볍게 접촉하는 것은 할 수 있어요. 흔히 멀티가 가능하다고 하죠.

급격한 기술 발전과 더 급격한 노인들의 위상변화

잘파세대는 빠른 속도에 뒤처지지 않기 위해 새로운 것을 빨리 받아들여야 합니다. 하지만 시간은 매우 한정적인 자원입니다. 따라서 모든 정보를 볼 시간이 없으니 정보의 취사선택을 해야 합니다. 이때 제외되는 것이 예전 정보입니다. 과거의 정보는 과거의 상황을 반영할 뿐이어서 새로운 정보가 너무나 빠르게 생성되는 지금 굳이 볼 필요가 없어요.

예전의 일들이 반복된다면 과거의 일을 돌아보며 비슷한 사례를 찾아 대응하겠지만, 지금 새로 생기는 정보들은 전례가 없던 일인 경우가 많습니다. 홍수를 다시 겪는 일은 있어도 메타버스가 열리거나 Chat GPT가 유행한 적이 과거에는 없거든요. 특히 이상 기후 문제, 새로운 기술로 인한 적응과 정체성 문제 등은 과거에 없던 문제여서, 과거의 해결책을 반추할 수도 없습니다.

이렇게 되니 과거의 지식과 정보는 더 이상 존중받을 수 없습니다. 오히려 새로운 정보를 방해할 뿐이에요. 직장생활을 할 때 선배들의 조언은 과거에는 매우 귀중하고 유용했습니다. 문제가 생겼을 때, 보통 그 문제는 예전에 한 번쯤은 있었던 문제입니다. 그러다 보니 그때 그 문제를 해결한 방법을 알고 있는 선배들의 조언은 돈을 주고받는 컨설팅보다 귀하기도 하고 적절하기도 한 해결책인 거예요. 하지만 지금 회사에서 생기는 문제들은 전에 있었던 일들이 아닙니다. 생성형AI가 생겨서 디지털 마케팅을 하는 회사가 수익구조 재편이 불가피해지는 상황은 그전에 있었던 일이 아니거든요. 이런 때는 새로운 기술에 대한 이해 없이 과거만 들먹이는 선배가 오히려 방해가 됩니다. 직장 선배가 들려주는 이야기가 선배의 조언이 아닌 꼰대의 잔소리가 되는 이유가 바로 이 때문입니다.

이런 상황에서 사회적으로도 위상변화를 급격하게 겪은 분들이 있습니다. 바로 노인들입니다. 예전에 노인은 경험을 바탕으로 사회적 조언을 해주고 다음 세대를 길러내는 역할을 담당했습니다. 마을에 가뭄이 들었을 때 어떻게 해야 하는지, 역병이 돌면 어떻게 해결해야 하는지, 과거의 경험을 토대로 새로운 세대에게 정보를 전해주는 것이 노인의 역할이었어요. 생각해보면 예전에도 책은 존재했지만, 글을 알고 비싼 책을 소유할 수 있는 사람은 한정적이어서 대부분의 정보 전달 역할을 노인이 맡은 거거든요. 농사의 노하우, 마을의 역사, 관혼상제의 형식 등 생활에 필요한 여러 가지 정보가 모두 노인들을 통해 후대로 전달되었습니다. 한 분 한 분이 살아 있는 도서관인 거예요. 그래서 노인이 사회적인 존경을 받아 왔습니다. 평균수명이 40세 정도밖에 안 되던 과거에는 60세 이상을 산 사람은 그만큼 정보 면에서 다양하고 유용한 데이터베이스 역할을 했어요. 그런데 지금의 노인들은 사회에 필요한 정보를 전달하거나 적재적소에 필요한 조언을 해주기는커녕, 키오스크 사용법을 배우기 위해 구청 문화회관을 찾아 강사의 도움을 받아야 하는 처지가 되었습니다.

새로운 기술이 나오고 그 기술이 라이프 스타일을 바꾸고 거기서 갖가지 비즈니스가 나오는데, 그 주기가 매우 짧아지고 있거든요. 스마트폰이 본격적으로 대중에 보급된 2009년 이후로 불과 15년여 만에 사회가 변한 것을 보세요. 스마트폰으로 거의 모든 서비스를 이용할 수 있는 시대가 되었습니다. 그런데 노인 중에서는 아직도 공인인증서를 활용한 모바일 뱅킹을 할 수 없어 꼬박꼬

박 은행을 찾으셔야 하는 분들이 계십니다. 2019년 한국은행의 '은행 모바일뱅킹 연령대별 이용률' 자료에 따르면 30대가 87.2%인 반면에 70대 이상은 6.3%를 나타냈어요. '간편결제나 간편송금 서비스를 이용해 보았나?'라는 설문에 대해서도 20대는 각각 56.2%, 49.5%가 이용해 보았다고 답을 했지만, 60대 이상에서는 각각 4.1%와 1.3%의 비율만 이용해 보았다고 답을 했습니다.[10]

2023년 상반기 자료에 따르면 하나은행과 우리은행의 신규 신용대출 중 비대면 비중은 각각 93.7%와 73.7%에 달한다고 합니다.[11] 2019년에 비해서 비대면 비중이 확 늘었죠. 하지만 여전히 모바일 뱅킹을 활용하지 못하는 사람도 있기에 은행 점포는 일정 비율 유지해야 하고 ATM기도 곳곳에 배치해야 합니다.

세대 갈등 해결의 열쇠

《사피엔스》로 유명한 세계적인 석학 유발 하라리가 2016년에 내한했을 때 기자 간담회에서 다음과 같이 이야기 했습니다.

"미래가 어떻게 될지 저도 몰라요. 하지만 분명한 사실은 있죠. 부모나 선생님이 지금 아이에게 하는 충고는 아이가 성인이 됐을 때 아무런 도움이 되지 않는다는 사실 말이에요. 2050년대에는 선생님이나 연장자로부터 배운 걸로는 인간 생활을 하기가 불가능한 역사상 첫 사례로 기록될 거예요."[12]

노인들의 옛날이야기에서 더는 배움을 찾지 않는 시대인데, 일부 노인들은 경험에서 우러나온 것이기 때문에 자신의 이야기에 매우 자신이 있거든요. 그래서 매우 강경한 어조로 그 주장을 반복하게 되고, 그런 부분이 사회갈등으로 번지기 쉬운 거예요.

예를 들어 6·25를 겪은 세대의 공산주의에 대한 경험과 감정이 매우 부정적이고 트라우마에 가까운 것은 이해가 됩니다. 하지만 그사이 세상이 많이 변했습니다. 공산주의를 표방하는 나라는 많이 없어졌고, 일부 남은 공산주의 국가도 사실 자본주의를 받아들이고 있는 전체주의 나라인 경우가 많아요. 그런데도 대통령의 광복절 기념 연설에서 여전히 '때려잡자 공산당' 수준의 이야기가 나온다는 것은 노인들만을 상대로 표를 얻겠다는 말과 마찬가지잖아요. 그래서 이에 대해서는 진보뿐 아니라 보수 진영 안에서도 비판의 목소리가 나오기도 했습니다. 그만큼 정치적으로 효과적이지는 않은 선택이었어요.

그런데 이런 스탠스는 앞으로 사회적 갈등의 핵심 요소로 부각될 가능성이 큽니다. 과거에 대한 향수를 자극하는 것만으로도 표를 얻기 쉬워진 정치인들은 세대 갈등을 부추겨서 노인층의 표를 획득하려고 할 것이기 때문이죠. 미국에서 총기를 없애지 못하는 이유가 은퇴자들의 투표 영향력이 강해서입니다.

인류 역사상 노인의 지위가 가장 낮은 시대가 되었습니다. 잘파세대에게는 노인에 대한 존경심이 없어요. 할아버지, 할머니에게 스마트폰 사용법을 가르쳐주면 가르쳐 줬지, 무언가 사회생활에 쓸모 있는 것을 배우거나 한 적이 없거든요. 그러니까 노인들에게 무엇인가를 배운다거나 큰 충고를 받아들일 준비가 그다지 되어 있지 않다는 거죠. 하지만 존경심이 없다고 노인을 멸시한다거나 하는 차원의 이야기는 아닙니다. 오히려 잘파세대를 키우고 경제적으로 보살펴 주는 사람은 할아버지, 할머니이기 때문에 잘파세대가 노인들에게 가지는 애정은 누구보다 강할 수 있어요. 잘파세대 배우 한소희 씨는 SNS에 자신을 키워준 할머니를 '나의 전부'라고 표현하기도 했죠.

X세대만 해도 할아버지, 할머니는 명절 때나 만나는 존재이기 때문에 노인들과의 교감이 크지 않거든요. 그런데 잘파세대의 부모인 X세대나 M세대는 아예 잘파세대의 할아버지, 할머니(때로는 외할아버지, 외할머니)와 같은 아파트에 살며 자녀의 양육을 함께한 사람들이 많습니다.(잘파세대의 부모는 이전 세대에 비해 맞벌이하는 비중이 높아서 조부모가 육아를 대신한 사람들이 꽤 많거든요.) 그런 면에서 보면 잘파세대는 노인을 대하는 데 서툰 X세대

나의 전부인 나의 할머니는 추석 명절 휴가때마다 "간다 간다"하고 코빼기도 보이지 않는 손녀딸이 뭐가 그렇게 좋은지 혹여나 잠든 나를 깨울까 전화벨이 두번도 채 울리지 않을때 허겁지겁 전화를 끊으신다 가끔 전화를 끊을때쯤 하시는 사랑해라는 말은 매번 한동안 끊임없이 날 슬프게하고 입버릇처럼 말하시는 "밥 챙겨 먹어"란 말은 매번 죽고싶다하며 화장실에 처박혀 우는 나를 일으켜 내일도 살아가게 해주었다

할머니를 '나의 전부'라 표현한 한소희 배우의 SNS 게시물

나 M세대가 일으킨 세대 갈등을 푸는 열쇠가 될 수 있습니다.

잘파세대가 의외로 세대 갈등을 해결할 수 있다는 가능성은 '요즘 애들'에게 부정적인 면만 있는 게 아니라는 것을 보여줍니다. 요즘 애들에게는 언제나 새 시대의 주인공이라는 개념이 덧붙어 있는 겁니다.

자충감:
아침에 출근한 알바가 점심 전에 그만둘 수 있는 이유

아이가 없는 세상

통계청에 따르면 한국의 합계출산율이 1 이하로 내려간 것은 2018년부터입니다. 그리고 2022년에는 0.78명이었죠.[1] 2명이 결혼했는데 그 밑으로 1명이 채 태어나지 않는 셈이니까 이 추세대로 몇백 년만 지나면 대한민국은 인구 제로 국가가 됩니다. 데이비드 콜먼 옥스퍼드대학교 교수는 2700년에 한국이 지구상에서 첫 번째로 소멸하는 국가가 될 것이라고 경고하기도 했어요.[2]

불과 40년 전인 1971년만 해도 우리나라의 출산율은 4.5명 정도였습니다. 그런데 산아제한 정책과 오일쇼크 등이 겹치면서 출산율이 2명대로 확 내려가요. 1984년에 출산율은 1명대로 진입했고, 1990년대에는 1.4~1.5명 정도로 유지를 했습니다. 이때부터 2명이 결혼해서 태어나는 아이가 평균적으로 1명 아니면 2명이 된 거예요. 그러다가 2005년에는 출산율이 1.09까지 내려가기도 했습니다. 그리고 2018년서부터 1 이하로 내려온 거죠. 1990년대서부터 한 가정에 1명의 자녀가 일반화되었어요. 그러니까 잘파세대는 한 가정에 1명의 자녀가 평균입니다.

그리고 결혼을 반드시 해야 한다는 생각이 많이 줄었어요. 당해연도 인구 1,000명당 혼인 건수를 나타내는 수치를 조혼인율이라고 하는데, 이 수치가 1980년에 10.6, 1995년에 8.7 그리고 1998년 8.0을 기록하다가 그 이후로 확 떨어집니다. 2010년에는 6.5, 2022년에는 3.7을 기록합니다. 이 수치는 절대수치가 아니어서 인구가 줄었다고 떨어지는 수치가 아니에요. 그러니까 확실히 예전에 비해서 결혼을 하는 비율이 줄었다는 얘기거든요.

이런 경향은 단순히 결혼이 늦어지거나 해서 그런 것이 아니라 비혼과 비출산을 원하기 때문입니다. 한반도미래연구원이 15~59세 남녀 2,300명을 대상으로 진행한 '결혼 및 출산에 대한 인식조사' 결과를 보면 우리나라 20~39세 미혼 청년 10명 중 4명은 결혼할 의향이 없는 것으로 확인됩니다.[3] 결혼을 안 하니 출산은 당연히 이루어지지 않죠.

잘파를 위해 준비된 10포켓

잘파세대는 이런 분위기에서 생긴 한 집안의 아이예요. 이 아이는 집안의 귀여움을 독차지하게 됩니다. 집 안에 하나밖에 없는 아이거든요. 이 아이를 위해 장난감을 사주고 과자를 사주고 초등학교 입학 선물로 스마트폰을 사줄 사람이 집안에 8명은 존재해요. 엄마, 아빠, 할아버지, 할머니, 외할아버지, 외할머니, 삼촌, 이모죠. 그래서 8포켓이라는 말을 씁니다. 한 명의 아이를 위해 돈을 쓸 사람이 8명은 있다는 거예요. 외삼촌과 고모까지 생각해서 10포켓이라고도 하고요.

잘파세대의 조부모와 외조부모는 대개 베이비붐 세대입니다. 베이비붐 세대는 그 전 세대와 달리 어느 정도 은퇴자금을 마련하고, 집 한 채는 마련해서 은퇴한 세대입니다. 굉장히 큰 부자는 아니지만 경제적으로 자녀들에게 의지할 필요가 없고, 오히려 손자, 손녀에게 용돈을 줄 정도의 경제력은 충분히 있는 분들입니다.

그리고 잘파세대의 고모, 이모, 삼촌, 외삼촌 중에는 비혼주의를 표방하는 사람이 많습니다. 이 수치는 점점 반이 넘어가는데요, 통계청에 따르면 10년 전에는 결혼에 긍정적인 사람의 비율이 56.5%였는데, 2023년에는 36.4%로 20.1%p 감소했다고 합니다.[4] 결혼하지 않고 비혼인 채로 동거하는 데 대한 긍정 인식은 80.9%나 됩니다.

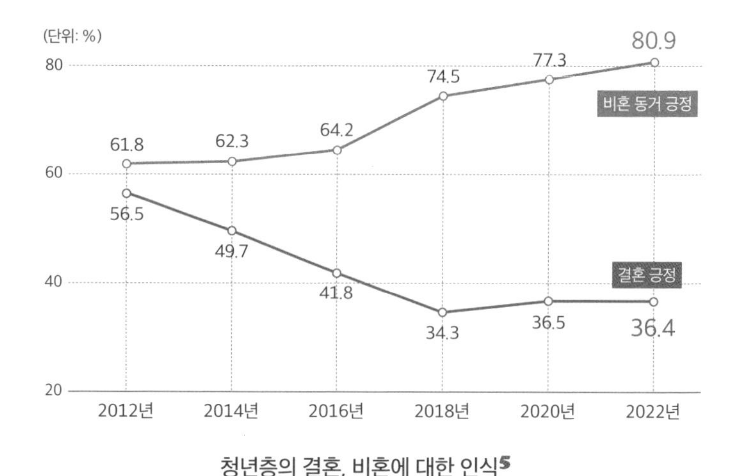

청년층의 결혼, 비혼에 대한 인식[5]

비혼주의를 선언한 잘파세대의 이모나 삼촌은, 말하자면 자기 아이를 가지기는 부담스럽고 대신 조카들을 보면서 대리만족을 느낍니다. 그러다 보니 조카를 끔찍하게 아끼고요. 육아에 대한 책임은 없지만 가끔 육아 체험을 할 수 있는 정도면 환영이죠.(고양이나 강아지를 기르고 싶어도 여건상 기르지 못하니 유튜브를 보며 후원하는 랜선 집사도 있잖아요.) 이 사람들은 돈을 벌지만, 그 돈을 쓸 곳이 자기 자신과 조카들 정도밖에 없는 사람들입니다.

그래서 잘파세대의 경제력은 상상 이상입니다. 사실 마케팅 관점에서 잘파세대에 주목하는 이유가 이들의 구매력이 생각 이상이기 때문이기도 해요. 이들이 원하는 것을 사주는 10포켓이 존재하기 때문에 고가의 물건도 비교적 쉽게 얻을 수 있거든요. 용돈도 많이 받고 심지어 엄카(엄마카드)를 들고 다니는 초등학생도 있어요.

글로벌 컨설팅 업체 베인앤드컴퍼니가 펴낸 보고서에 따르면 Z세대의 첫 명품 구매 연령은 평균 15세로 M세대보다 3~5년 빨랐다고 합니다. 그리고 명품 소비에 곧 알파세대가 가세할 것이라고 예상했어요.[6] 잘파세대가 명품을 사는 것이 나중에 커서가 아니라는 거죠.

실제로 지금 글로벌 명품 브랜드들은 잘파세대에 먹히는 K-POP 아이돌을 앰버서더로 발탁하고 있습니다. 데뷔 연도인 2022년에 전원 미성년자였던 그룹 뉴진스의 멤버들은 데뷔한 지 얼마 안 되어서 모두 글로벌 명품 브랜드의 앰버서더가 되었어요. 하니가 구찌, 조르지오 아르마니 앰배서더로 발탁된 것을 시작으로 다니엘이 버버리와 생로랑 뷰티, 민지는 샤넬 뷰티·패션·시계&주얼리, 해린은 디올 주얼리·패션·뷰티 등 3개 부문에 앰버서더가 되었고요, 막내인 혜인은 만 14세의 나이로 루이비통 최연소 앰버서더가 되었죠.[7]

이들이 앰버서더가 될 수 있는 것은 명품의 소비 연령이 매우 낮아졌고, 실제로 어린 고객층으로부터 상당한 구매가 이루어지기 때문이거든요. 잘파세대는 중학생 때부터 명품을 사 입는데, 그들에게 명품을 사주는 사람들이 바로 10포켓입니다.

풍요로운 어린 시절

잘파세대의 어린 시절은 생각보다 풍요롭습니다. 아이 하나를 위해 집안에서 지갑을 여는 사람들이 10명이나 됩니다. 이들은 어느 정도 경제적 여건이 되는데, 게다가 이 중 한두 명쯤은 부동산이나 주식 투자에 성공해서 부유할 수도 있거든요. 사회생활을 하면서 많이 겪으셨겠지만 보통 자신감은 주머니에서 나옵니다. 수입이 있어야 자존심을 지킬 수 있는 경우도 많고요. 그런 면에서 보면 잘파세대에게는 자신감, 자존감이 강할 수밖에 없는 환경이 마련되어 있는 것이죠.

잘파세대는 절박한 경제 사정 때문에 어렵게 아르바이트를 하면서 학업을 유지했던 세대가 아닙니다. 그래서 아르바이트를 하거나 직장에서 일을 할 때 부당하거나 못마땅한 일을 당했다고 생각하면 굳이 참고 다닐 필요를 느끼지 못해요. 직장에 큰 비전을 가지는 것도 아니고, 당장 생계가 급해서 월급이 꼭 필요한 것도 아닙니다. 정 안 되면 그냥 부모님 집에서 생활하면 숙식은 해결되거든요. 가볍게 쿠팡 상하차 아르바이트나 편의점 아르바이트를 해서 용돈 정도만 벌어도 사는 데 지장이 없어요. 자기 시간을 활용한다는 측면에서는 그게 더 낫기도 하고요.

어차피 직장은 다녀봤자 명확한 비전도 없는데, 차라리 긱Gig 일자리를 유지하면서 시간을 확보하고 자신만의 콘텐츠를 만들거나 크리에이터로서의 가능성을 시험해 보는 것이 더 생산적으로 느껴질 수 있습니다. 전교조 경남지부가 2023년에 초등학교 4~6학년 1,090명을 상대로 실시한 설문조사에 의하면 학생들은 장래에 희망하는 직업으로 유튜버(18.9%), 운동선수(16.2%), 선생님(12.8%), 연예인(11.9%), 프로게이머(11.7%), 의사(11.6%), 요리사(11.2%), 제빵사(11.1%), 가수(9.0%) 등을 뽑았습니다. 이 중 유튜버, 운동선수, 연예인, 프로게이머, 요리사, 제빵사, 가수는 크리에이티브한 직업이라고 할 수 있죠. 잘파세대는 자신만의 콘텐츠를 가지는 것을 지향하고 있음을 알 수 있어요.[8]

그래서인지 2023년 8월에 통계청이 발표한 자료에 따르면 청년층의 첫 직장 평균 근속기간은 1년 6.6개월로 전년보다 0.2개월 짧아졌습니다. 그리고 첫 일자리를 그만둔 임금근로자는 66.8%였고요. 청년들이 첫 일자리를 그만둔 사유로는 '보수, 근로시간 등 근로 여건 불만족'이 45.9%로 가장 높았습니다. '임시적·계절적인 일의 완료·계약기간 끝남'이 2위의 사유로 14.7%니까, 보수에 대한 불만이 압도적으로 많았다는 것을 알 수 있죠.[9] 월급이 적으면 일을 그만두는 사람이 더 많아지고, 그만두기도 빨라지고 쉬워지는 것입니다.

사실 잘파세대 중에 본격적으로 사회에 진입한 사람은 아직 일부입니다. 대신 아르바이트를 하는 잘파세대는 많아요. 대학생들이 한창 아르바이트를 많이 하니까요. 그래서인지 아직까지는 회사 HR담당자보다 자영업 사장님의 어려움이나 호소가 더 크게 들립니다.

근속 1일, 쉽게 그만두는 알바생

자영업자분들이 입을 모아 이야기하는 것은 지금의 잘파세대가(특히 코로나 이후의) 그 전의 아르바이트생들보다 확실히 일을 쉽게 그만둔다고 합니다. 물론 이런 성향이 모든 잘파세대에게 나타나는 것은 아닙니다. 하지만 전 세대들에 비해서 확실히 그런 경향이 늘었다는 이야기는 많습니다.

몇몇 자영업자분들과 잘파세대 아르바이트생에 대해 이야기해달라고 심층인터뷰를 했는데, 공통적으로 이야기가 나오는 부분이 몇 있었어요. 일단 감탄사로 시작하는 경우가 많습니다. 그 중 제일 많이 나오는 감탄사는 "어휴~"예요. 그리고 "알바생이 제일 빠르게 일을 그만둔 건 며칠만인가요?" 하고 물어보면 대부분 자영업자분들은 "1일이요"라고 대답합니다. 가장 흔한 패턴은 하루 나와서 일하고 아무 말 없이 집으로 돌아가더니 저녁때 문자로 '저와는 맞지 않는 것 같아 죄송하다'면서 그만둔다고 통보하고 끝에 계좌번호를 붙인대요. 그러니까 이런 행동을 대면으로 하지 않고 주로 문자로 하는 거예요.

메디컬 효능을 더한 자연주의 기능성 화장품 브랜드 '소중한 습관'의 대표는 신입직원에게 잘못한 부분의 개선점에 관해 이야기했다고 합니다. 이 대표분은 외국계 회사를 나온 사람이라서, 외국계 문화대로 감정을 싣지 않고 정확하고 투명하게 피드백과 개선점을 전달했대요. 그랬더니 그 직원이 별다른 싫은 기색 없이

"네~"하고 회의실에서 가방을 챙겨서 나가더니 그 길로 다시는 회사로 돌아오지 않았다고 합니다.

홍대, 연남동 등에서 13년째 비건 전문 레스토랑 '슬런치팩토리'를 운영하는 이현아 대표는 체감상 코로나 이후의 아르바이트생과 코로나 이전의 아르바이트생은 완전히 다른 사람들이라고 이야기합니다. 이현아 대표가 같이 일해 본 아르바이트생들을 종합해보면 "마스크를 쓰고 일해서 익명성이 생겨서인지 책임감이 없는 편인 것 같아요. 손님에게 불친절하다든가, 물건 정리를 안 하고 다음 타임 사람에게 떠넘긴다든가, 당일 날 아침에 출근 못 한다고 문자를 보낸다든가 하는 것들이죠"라고 지적합니다.

실제로 이현아 대표는 한 아르바이트생에게 아침에 다리가 삐어서 아르바이트를 못 오겠다는 문자를 받고 다른 아르바이트생들에게 "이거 어떻게 하냐, 병문안 가야 하는 거 아니냐?"하고 이야기했다가 다른 아르바이트생들이 "그거 뻥이에요. 네이버 찾아보면 아르바이트 가기 싫을 때 사장님에게 보내는 문자 샘플 그대로예요"라고 이야기해줘서 충격을 받았다는 일화를 전하기도 했어요.

이 이야기를 전해 듣고 저도 네이버에서 '알바 빠지고 싶을 때 보내는 문자'를 검색해 봤는데, 찾아보니 상당히 디테일하게 정보를 주더라고요. 예를 들어 '경조사 핑계를 대면 좋은데 주의할 것은 결혼식은 미리 날짜가 예정되어 있으니 꼬치꼬치 캐묻기 힘든 장례식을 핑계로 대라'라든가 '넘어져서 출근을 못 할 것 같다고

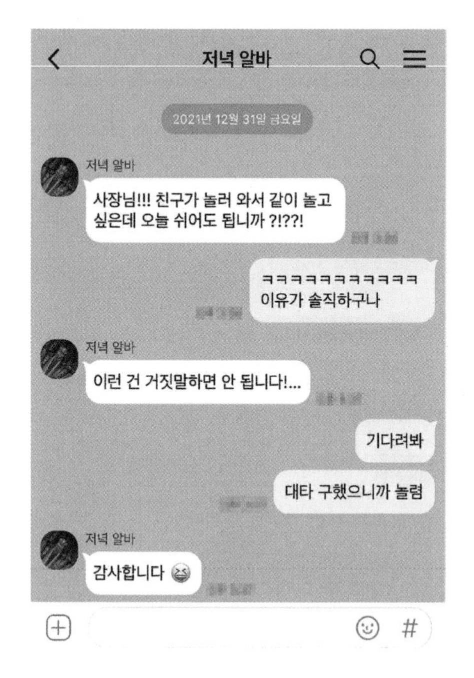

알바생의 솔직한 결근 사유에 감동한 사장님의 사연을 보도한 인터넷 신문의 카톡 재구성 이미지[10]

이야기하고 진단서를 끊어간다고 말하면 사측에서 상해로 인한 문제가 될 수 있어서 푹 쉬고 오라고 말한다'라는 겁니다. '혹시 상해진단서를 끊어오라고 하면 일부 정형외과는 엑스레이에 문제가 없어도 계속 아프다고 우기면 2주 진단 정도는 끊어준다' 같은 노하우도 공유하더라고요.

한 인터넷 신문에는 사장님에게 놀고 싶어서 아르바이트를 빠진다고 솔직하게 이야기한 한 알바생의 이야기가 올라왔습니다. 저녁 근무를 앞두고 "친구가 놀러 와서 쉬고 싶은데 되냐?"는 질문에 사장님은 솔직하다는 반응을 보였고 알바생은 "이런 건 거짓 말하면 안 된다"고 답합니다. 그리고 사장님은 쉬도록 허락을 해 줬다는 아름다운 이야기인데, 이른바 알바와 사장님 간의 아름다운 미담으로 소개가 된 거예요.

경제적 어려움보다 자존심이 우선

인터넷에는 아르바이트생의 황당한 퇴사 통보에 대한 자영업 사장님들의 하소연이 넘쳐납니다. "그만둔다고 이런 식으로 문자가 왔는데 어떻게 생각하시는지?" 같이 의견을 묻는 척하면서 자신의 상황을 하소연하는 질문이 자영업자 커뮤니티에 많이 올라와요.

물론 아르바이트를 갑자기 그만두고, 미리 말도 없이 당일에 일을 빠지는 문제는 과거에도 분명히 있었지만, 빈도수나 이해가 안 되는 상황의 정도가 확실히 최근에 많이 증가한 거죠. 그 원인 중 하나는 돌아갈 곳이 있는 청년들이어서 경제적으로 어려움이 없다는 겁니다.

물론 청년들 자체는 경제적으로 어려운 것이 맞습니다. 잘파세대는 그 어느 때보다 취업도 힘들고, 부동산이나 물가가 많이 뛰어 보통은 가난한 세대입니다. 대기업이나 공기업으로 쏠려서 그렇긴 하지만 취업 경쟁률이 100:1은 우습게 나오기도 하고요. 물론 중소기업은 그보다 취업이 수월한 편이긴 하지만, 중소기업 갈

바에는 아예 구직활동을 안 하고 그냥 놀겠다는 사람도 많아요. 최종 학교를 졸업하고도 미취업 상태인 청년이 120만 명이 넘었고, 미취업인 상태에서 무엇을 했냐는 질문에 "아무 것도 안 하고 집에서 그냥 놀았다"고 대답한 인원이 전체의 25.4%에 달했습니다.[11] 아르바이트도 안 하고 그냥 논 사람이 10명 중 2~3명이었다는 거예요. 그냥 놀 뿐이니까 당연히 집에서 받는 용돈 말고는 수입이 없습니다.

그리고 코로나 기간을 지나면서 빚을 진 청년들도 많습니다. 코로나 때 일자리가 없었던 탓도 있고, 특히 빚을 지고 투자해서 주식이나 코인을 샀다가 손해를 본 경우인 거죠. 개인의 워크아웃 신청이 최근 5년간 최대 수준입니다.[12] 어떻게 해도 부채 상환능력이 안 될 것 같으니 워크아웃을 해주는 건데, 그게 코로나 때보다 더 많다는 거예요.

하지만 이런 상황인데도 할 말은 해가며 당당하게 아르바이트를 그만둘 수 있는 것은 그들에게는 부모라는 최후 방어선이 존재하기 때문입니다. 한국보건사회연구원과 한국통계진흥원의 〈청년 삶 실태조사〉에 따르면 부모와 함께 사는 청년 비율이 57.5%였습니다. 10명 중 6명은 부모와 살고 있는 것이고요, 이들 중 67.7%는 "아직 독립할 계획이 없다"고 밝혔습니다.[13] 그러니까 돈이 없어서 부모와 사는데 앞으로도 부모님 집에서 나올 생각이 없다는 사람이 38.9%로 10명 중 4명입니다.

청년들에게는 비빌 언덕이 있다는 뜻입니다. 부모님이 베이비붐세대나 그 이전 세대인 사람들은 부모를 부양하거나 아니면 학비를 자신이 마련해야 하는 사정이 있었기 때문에 아르바이트를 마음대로 그만두기가 힘들었어요. 하지만 X세대나 M세대를 부모로 둔 청년들은 전 세대에 비하면 상대적으로 부유해서 아르바이트를 그만둔다는 선택이 쉽습니다. 안 되면 부모한테 도움을 받으면 되니까요.

최근의 청년들은 '부모보다 가난한 세대'[14]라는 말을 듣잖아요. 그 말을 반대로 생각하면 부모가 아이들보다 부유한 거예요. 그런데 잘파세대에 이르면 부모의 재산뿐 아니라 할아버지, 할머니, 그리고 비혼을 선언한 이모, 삼촌들이 잘파세대를 경제적으로 도와주거든요. 이 든든한 창고가 잘파세대에게는 최후의 보루로 남아 있는 거죠. 알바에 목숨 걸지 않아도 최소한의 생계는 이어갈 수 있습니다.

그래서인지 잘파세대는 자존감이 강합니다. 언제든지 그만둘 수 있는 아르바이트이기 때문에 당당하게 원하는 바를 요구하기도 하고 원치 않는 일은 거부하기도 합니다. 대한민국 대표 닭꼬치 프랜차이즈 청춘닭꼬치의 박진완 대표는 본사 직영 매장에 갔다가 매장 바닥에 닦아야 할 것이 보여서 아르바이트생에게 "여기 좀 닦아야 할 것 같다"는 이야기를 했더니 아르바이트생이 "그건 제 업무가 아닌데요"라고 대답했다고 합니다. 박대표는 업무 분장을 잘못한 자신을 탓할 수밖에 없었다고 하고요.

업무 외 지시를 했다가 아예 직원이 퇴사를 했다는 경험담도 많습니다. 한 회사 대표님은 직원에게 업무상 지시를 하려 전화했다가 그 직원이 마침 회사 1층 편의점에 있어서 "너무 미안한데 점심을 안 먹어서 그러니 돈을 줄 테니 편의점에서 삼각김밥 하나만 사다 줄 수 있냐?"는 부탁을 했다고 해요. "그럼요" 하고 흔쾌히 삼각김밥을 사다 준 직원은 그날 저녁에 문자로 "제가 삼각김밥이나 사다 드리려고 입사한 게 아니거든요"라는 문자를 보내고 퇴사했다고 합니다. 제가 이 기업의 이름을 알려드리지 않는 이유는 어쨌든 지시가 아닌 부탁이긴 했지만, 대표가 말하면 그 위계 상 거부하기 힘들 수 있으니 부당한 부분이 있을 수 있기 때문이에요. 하지만 보통 부당한 일을 한 번 당했다고 바로 퇴사하지는 않거든요. 아니면 부당하다고 이야기를 해서 시정을 요구하든가요. 그런데 잘파세대는 부당함을 참지 못하고 단 한 번의 부당함에도 행동으로 표현하는 경우가 많아요. 그런 배경에는 자존감이 당당히 한몫을 하고 있고요.

자존감을 넘어 자중감

잘파세대의 특징 중 하나는 가족관계가 좋다는 것입니다. 잘파세대의 부모가 X세대와 M세대인데, 이들은 보통 성장 과정에서 부모님의 사랑을 직접 받고 자라지는 않았어요. 물론 사랑으로 자식을 보살피는 것이야 어느 시대에나 부모에게는 똑같은 일이겠지만, 옛날 분들은 아무래도 표현에 인색한 경향이 있거든요. 그리고 경제성장이 한창인 시기에 하루 12시간씩 일해야 먹고 살던 삶을 살아오신 분들이라서 마음은 있지만 그만큼 아이들과 시간을 함께 보내지 못하기도 했고요. 그런 부분에서 X세대와 M세대는 '나는 그러지 말아야지' 하고 생각한 사람들이 많습니다. 그리고 예전처럼 아이들이 여러 명이어서 육아 전쟁을 치를 필요도 없다 보니 한두 명의 자녀에게 집중할 수가 있죠. 놀아줄 시간도 많고 사랑한다는 표현도 잘합니다.

'딸 바보'라는 말을 많이 들으셨을 거예요. X세대 배우인 차승원 씨는 유튜브 〈채널 십오야〉에 나와서 대학교 2학년 딸에 대해서 이야기한 적이 있어요. 같이 출연한 나영석 PD가 딸의 결혼에 대해 이야기하니 "솔직히 생각하고 싶지 않다. 딸을 시집보낸다는 생각을 안 해봤다. 왜냐하면 딸의 결혼을 생각하면 우울증이 올 것 같다"며 다른 이야기를 하자고 말을 돌렸습니다.[15] 예능이긴 하지만 이에 공감을 표한 딸 바보 아빠들이 많습니다.

이렇게 부모에게(그리고 조부모나 삼촌, 이모에게) 듬뿍 사랑받고 어린 시절과 성장기를 보낸 잘파세대는 자존감을 넘어서는 무엇이 있습니다. 그런데 그런 상태를 명확하게 드러낼 만한 말은 없더라고요. 그래서 새로운 단어를 하나 제안하려고 합니다. '자중감'입니다. '자신이 중심이 된 듯한 생각, 감각'이라고 이해하시면 될 듯해요. 그게 착각이라는 말이 아니라 세상의 중심이 나이기 때문에 모든 관점, 생각, 행동이 나를 중심으로 돌아가는 사고를 말합니다.

잘파세대는 이러한 자중감이 있어요. 집에서 사랑을 받으며 컸고 10포켓을 형성하는 가족들이 돈과 선물만 준 게 아니거든요. 그에 못지않은 애정을 주었기 때문에 충분한 존중을 받고 자랐습니다. 앞서 소개한 전교조 경남지부에서 초등학교 4~6학년 1,090명을 대상으로 한 설문조사에서 가정생활에 대해서도 물어 봤어요. 학생의 92.7%가 가정생활을 긍정적으로 느끼고 있었고, 2.8%의 학생만이 부정적으로 느끼고 있었습니다. 그리고 가족과 관계가 좋다고 대답한 학생은 94.7%였고, 1.8%의 학생만이 좋지 않다고 답했어요.[16] 그런데 이런 점은 장점이긴 하지만, 어떻게 보면 자신에게 부정적으로 대하는 사람들, 자신을 싫어하거나 별다른 관심이 없는 사람들의 반응을 많이 접해보지 못하고 자랐다는 뜻이기도 합니다. 그래서 사회에서 만나는 덜 친근한 관계나 타인의 공격적인 반응에 굉장히 서투른 면모를 보이기도 합니다.

내가 귀하면 남도 귀하다

잘파세대의 자중감은 '누구나 크리에이터' 같은 감각으로 표현됩니다. 릴스나 틱톡에는 댄스 챌린지에 도전하는 잘파세대들의 영상이 넘쳐납니다. 분명히 평소에는 얌전하고 숫기 없던 친구가 릴스에서 댄스 챌린지를 하는 영상이 올라오는 거예요. 그리고 반

아이들 5명, 10명이 참여하는 단체 댄스 챌린지 같은 것도 '하자고 권하면 하는' 아이들이 많아서 그렇게 어렵지 않게 영상을 만듭니다.

잘파세대에게 숏폼이 인기 있는 이유는 숏폼은 소비자뿐 아니라 생산자로 참여하기가 쉽기 때문이에요. 짧으니까 내용을 생각하기도 쉽고요. 일상의 한 장면, 관광지에서 찍은 영상 같은 것을 올려도 되거든요. 그리고 댄스 챌린지가 흔한 이유는 챌린지 할 댄스의 내용이 미리 정해져 있어서 내용을 새로 구성할 필요가 없다는 점이 매력으로 작용하기 때문입니다.

SNS나 앱이 누구나 크리에이터, 인플루언서가 될 수 있도록 빠르게 발달하고, 사용성도 좋아졌어요. 하지만 기술이 있다고 누구나 다 활용하는 것은 아니잖아요. 중요한 것은 잘파세대는 누구나 크리에이터가 되고 인플루언서가 될 수 있는 사람들이라는 것이죠. 자중감이 있는 잘파세대는 기회가 오면 자신이 세상의 중심이 될 수도 있고, 인기 많은 인플루언서도 될 수 있다고 생각합니다.

부당한 일이라고 생각하면(그 기준이 주관적이어서 사회적 기준과 안 맞을 때가 있지만) 당당하게 이야기하고 행동하는 것이 잘파세대입니다. 그렇다고 이들이 자기 자신만을 세상의 중심에 두는 건 아니에요. 자기가 소중한 만큼 남도 소중하다는 점을 이해하고 있어요. 그래서 이들은 다른 이들의 성, 종교, 취향, 문화 등을 쉽게 인정하죠. 다양성에 대한 존중은 그래서 나오는 겁니다.

현재적:
인생네컷을 찍고
아이팟을 끼고 일하는 이유

인생네컷을 찍는 이유

홍대, 건대, 성신여대 등 젊은 소비자들이 모이는 상권에 반드시 있는 셀프 스튜디오 사진기가 있습니다. 그중에 가장 유명한 브랜드가 인생네컷이라 대명사처럼 인생네컷이라고 부르는데요, 10대 친구들이 만나 노는 코스에는 이 인생네컷이 반드시 들어있습니다. 마라탕을 먹고 후식으로 탕후루를 먹은 후에 인생네컷을 찍고 코인노래방에 가는 게 요즘 10대가 친구들과 노는 코스의 정석입니다. 때로는 시간대에 따라 코인노래방과 인생네컷이 바뀌기도 하지만 보통은 그날의 만남을 인생네컷으로 기록합니다.

여기서 드는 한 가지 의문은 인생네컷을 찍는 사람들 손에 들려 있는 스마트폰은 인생네컷보다 좋은 화질의 사진과 훨씬 좋은 보정 효과를 얻을 수 있는 훌륭한 도구잖아요. 그런데 인생네컷을 찍을 때 이 스마트폰은 가방이나 주머니로 들어갑니다. 그에 대한 잘파세대의 대답은 이렇습니다.

"핸드폰 사진은 사실 언제든 찍을 수 있지만, 내가 그 사진을 간직한다는 느낌은 안 들거든요. 그리고 우린 아직 청소년이라 휴대폰 저장공간이 작으니까 오래 보관하기도 힘들고 또 실수로 한 번에 날아갈 수도 있잖아요. 그런데 스티커 사진은 간직하기도 쉽고, 더 자주 보게 되고, 왠지 추억이 담겨있는 것 같고 어쩌다 방 정리할 때 우연히 예전에 찍은 스티커 사진을 발견하게 되면 그때 생각도 나서 좋은 거 같아요."[1]

신문에 난 인터뷰라 대표적으로 소개를 했지만, 보통 인생네컷을 찍는 이유에 대해서 '지금의 추억을 박제'한다는 느낌을 주로 듭니다. 오늘의 만남을 기억한다는 거죠. 인생네컷은 '지금·여기'에 같이 있었다는 의미인 거예요.

인생네컷은 그냥 현장을 기록하는 것만이 아니라 사진을 찍는 과정을 같이 즐깁니다. 보통 인생네컷 류의 셀프 포토존에는 머리띠, 선글라스, 파티용품 등 사진을 재미있게 찍을 수 있는 컨셉을 위한 각종 소품이 비치되어 있습니다. 이 소품들을 이용해 어떻게 네 컷을 구성할까 생각하고 사진을 찍죠. 때로는 사진 테마를 검색해서 다른 사람들의 추천 포즈를 따라 하기도 합니다. 예를 들어 디즈니 애니메이션 주토피아의 두 주인공 닉과 주디의 포즈를

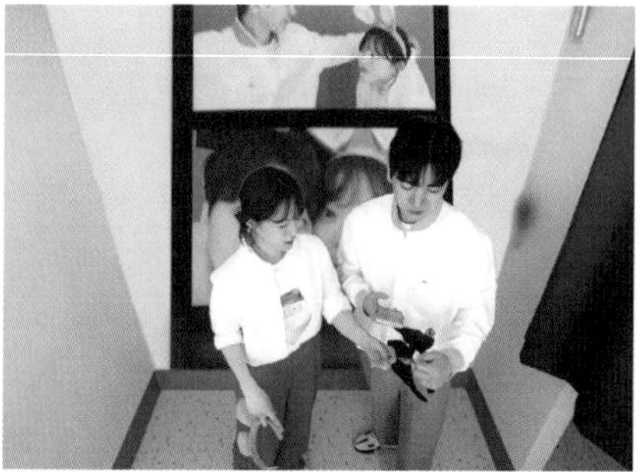

MBC예능 <나혼자 산다>에서 배우 천우희와 이주승이 인생네컷을 찍는 모습

검색해서 포즈를 맞춘 후에 사진을 찍는 식인 거죠.

인생네컷은 잘파세대가 '지금·현재'라는 감각을 얼마나 소중하게 생각하는지를 잘 보여주는 트렌드입니다. 오늘은 한 번밖에 없는 것인데, 그것을 스마트폰에 남기면 그 한 번밖에 없는 오늘의 의미가 퇴색하니까 일회적인 저장매체에 남기는 겁니다. 하지만 친구들이 있으니 하나가 아닌 두 개 정도 남겨서(보통 네 컷씩 두 세트가 나오거든요) 그 의미를 나눠 갖는 거죠.

성장기에 겪은 경제적 위기

잘파세대에게 미래는 현재보다 모멘텀이 약한 단어입니다. 욜로, 플렉스, 소확행이라는 말들이 최근 몇 년간 유행했고, 모두 김난도 교수님의 《트렌드 코리아》에서 소개가 되면서 해당 연도에 히트했던 말들이었죠. 그런데 연도마다 달라 보이는 이 단어들이 사실은 매우 비슷한 흐름을 보여주는 말들이거든요. 이 말들은 모두 불확실한 미래보다는 지금 당장의 현재에 의미를 더 부여한다는 뜻입니다.

욜로는 You only live once의 준말로 '인생은 한 번뿐이니 후회 없이 이 순간을 즐기며 살자'라는 태도를 말합니다. 행복을 미래로 유예하지 말고 지금 이 순간에 행복하자는 것인데, 이런 태도 때문에 플렉스가 가능해지죠. 플렉스Flex는 원래 미국의 힙합 문화에서 나온 말인데 '부나 명품을 과시하다'라는 뜻입니다. 하지만 타고난 부를 가진 게 아닌 한, 젊은이들이 일상적으로 플렉스를 할 수는 없거든요. 그래서 플렉스라는 말에는 아르바이트를 하거나 용돈을 모아서 명품을 사고, 그 명품을 SNS에 자랑하는 일련의 행위라는 개념이 살짝 들어가 있기도 해요.

소확행은 소소하지만 확실한 행복이라는 말의 줄임말로, 일상에서 작지만 확실한 행복을 느끼자는 의미입니다. 얼핏 들으면 매 순간을 감사하며 긍정적으로 살자는 말 같지만, 이 소확행은 미래가 어둡다는 부정적인 전망을 내포하고 있습니다. 불확실한 미래를 위해 저축한다고 지금의 행복을 포기하지 말고 비싼 디저트를 먹는다거나 가지고 싶었던 한정판 피규어를 사는 등, 지금 할 수 있는 확실한 행복을 취하자는 의미이거든요.

잘파세대가 현재를 미래보다 중요시하는 데는 몇 가지 사회경험이 배경에 놓여있습니다. Z세대의 제일 앞머리가 1990년대 후반에 태어난 사람들인데, 이 1990년대 후반이 한국인에게는 바로 IMF를 연상시키는 시기입니다. 그러니 Z세대에게 유년기는 IMF라는 국가적 환란을 온몸으로 겪은 부모들 밑에서 자란 시기였어요. 서브프라임 모기지 사태 때문에 전 세계적으로 경제위기를 겪은 2000년대 후반에 이들은 10대가 되었습니다. 가정의 경제적 위기를 아는 나이인 겁니다. 미래를 위해 열심히 저축하고 자기계발에 힘쓴 부모님들이 자신의 개인적인 능력과는 상관없이 전체적인 경제의 흐름 앞에서 속절없이 무너지는 모습을 인지하게 되는 거죠. 그리고 성장기나 청년기에 코로나를 겪게 됩니다. 이 역시 개인의 능력이나 성실함과는 하등 상관없이 범지구적으로 전 세계 사람들에게 찾아온 위기입니다. 사무직이야 비대면으로도 일을 할 수 있어서 그나마 영향을 덜 받았지만, 자영업자나 블루칼라는 말 그대로 일이 없어서 가정의 경제적 위기를 겪을 수밖에 없었습니다. 이런 일련의 사태 앞에서 개인이 세운 비전과 미래는 아무런 의미가 없습니다.

10여 년에 한 번꼴로 개인의 힘으로는 어떻게 할 수 없는 사상초유의 사태가 펼쳐지는 시기에 태어나서 자라온 사람들이 잘파세대입니다. 이 시기 한국 경제의 성장세는 확연히 꺾였어요. 어렵고 힘든 일, 경제적 위기 등은 예전에도 있었지만, 그때 한국은 개발도상국이었기 때문에 발전과 개발이라는 분위기 속에서 어려움은 어려움으로 취급되지 않았습니다. 극복해야 할 역경의 문제였죠. 개발도상국을 벗어나 선진국으로 진입하는 경제 상황은 그

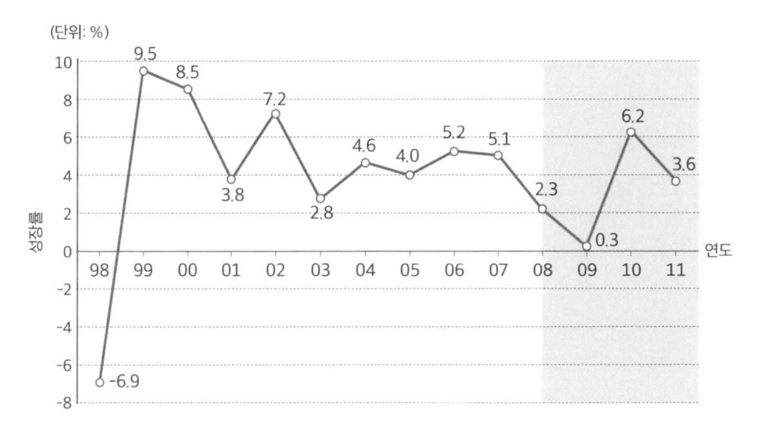

대한민국 경제성장률

런 경향을 부추겼고요.

전년 대비 경제성장을 따지는 경제성장률의 특성상, 2008~2009년 경제위기 때 바닥에 떨어졌던 경제의 기저효과 덕에 2010년의 경제성장률은 6%가 넘습니다. 하지만 이후 2019년까지 한국의 경제성장률은 2.2%~3.2% 정도의 박스권에 갇힙니다. 보통 선진국의 경제성장률이 3% 밑이니까 이때부터 계속 저성장 상태인 거예요.

미래가 과거와 현재에 달려있던 때

IMF 이후에 한국에 정착된 개념이 있습니다. 정리해고, 조기은퇴, 비정규직 같은 것들이죠. IMF 전까지 고속성장을 해온 대한민국의 기업들은 성장, 확장 같은 가치를 따랐기 때문에 고용에 대한 원칙 역시 이런 기조를 따랐습니다. 근로자에게 바라는 요소도 창의성은 부차적인 요소였고 제1요소는 성실함이었습니다.

매뉴얼대로만 해도 해외에서 밀려오는 주문을 처리하기 바쁘거든요. 심하게 말하면 괜히 더 개량하거나 더 잘하려고 노력할 필요도 없었죠. 그래서 인재를 뽑는 데 중요한 요소는 성실함이었고, 그 성실함에 대한 지표는 점수였어요. 학점이 좋으면 전공 공부에 뛰어나다기보다는 성실하게 대학 생활을 했다는 지표로 읽혔고, 영어 성적이 좋으면 영어를 잘한다기보다는 영어 공부를 성실히 했다는 지표로 읽혔습니다. 그중에서도 가장 확실한 것은 학벌이었죠. 명문대학에 다닌다는 것은 고등학교 때 성실히 공부했다는 증거이니까요.

그래서 대기업들은 명문대 다니는 학점 좋은 학생들을 직원으로 뽑아 매뉴얼대로 가르쳤고, 자신의 성실함을 기업에 기꺼이 내어준다는 조건으로 그들의 은퇴까지의 고용을 책임졌습니다. 은퇴한 후에는 퇴직금과 저축을 모아 2~3억 정도를 손에 쥐게 됩니다. IMF 이전에는 저축금리가 보통 8~10%[2] 정도 하기도 했으니 3억만 수중에 있으면 1년에 2~3천만 원을 이자로 취득하게 됩니다. 지금도 이 정도면 큰돈이지만 1996년도에 20~30평대 강남 아파트 가격이 2~3억 대였다는 것을 생각해보면, 직장을 평생 다니다가 퇴직금 잘 받아서 은퇴하면 여생이 보장되는 구조의 사회였던 거죠.

이때는 미래가 과거와 현재에 달려있었습니다. 어떤 학교를 나왔고 지금 학점이 얼마인가 같은 조건들이 미래를 보장하다 보니 그렇게 애를 쓰고 명문대학에 들어가려고, 좋은 기업에 들어가려고 최선을 다한 겁니다. '좋은 대학 → 대기업 → 고용 보장 → 풍요로운 은퇴'라는 사이클이 정해져 있는 사회였으니까요.

하지만 IMF로 인해 구조조정, 명예퇴직 같은 제도가 우리 사회에 본격적으로 도입됩니다. 아예 안정이라는 단어와는 거리가 먼 비정규직 같은 제도도 나타나게 되죠. 비정규직이라는 고용 형태가 한국 사회에 등장한 것은 1996년이었으나, 사회에서 그 제도들을 본격적으로 받아들인 건 IMF 때문이었어요. 일단 IMF가 한국에 달러를 빌려주는 조건이 비정규직을 도입해 노동을 유연화하라는 것이었으니까요.

2008년 경제위기 때는 명퇴가 40대에도 가능하다는 것을 알게 됩니다. 그리고 코로나 사태는 최후의 보루가 회사가 아닐 수도 있음을 가르쳐 주었습니다. 이전에는 직원을 내보내면서까지 끝까지 살아남는 게 회사라고 생각해서, 아무리 경제가 어려워도 회사에 남아 있으면 괜찮을 거라 생각했어요. 그런데 코로나 팬데믹 때 바로 그 회사도 없어지는 상황을 목격한 겁니다.

그리고 회사가 없어지지는 않더라도 아무래도 어려워지니까 대대적인 구조조정을 해야 하는 상황이 생기는데, 이때 많은 사람이 연차와 상관없이 해고되었습니다. 어려울 때 자신을 지켜줄 거라 믿고 회사에 충성을 맹세했는데, 실제로 어려워지자 직원을 해고하는 회사의 모습에 사람들은 크나큰 배신감을 느낄 수밖에 없었습니다.

내 미래는 회사에 없다

잘파세대는 회사에 대한 기대감이 이렇게 제로로 수렴해가는 와중에 취업하는 세대예요. 그래서 이들에게 회사는 최종 목표도 아니고 자아실현을 하기 위한 공간도 아닙니다. 그렇다고 꿈꾸는 미래를 준비하는 도구로 잠시 머물러 있는 곳도 아닙니다. 무엇보다 잘파세대는 전반적으로 미래를 꿈꾸지 않습니다. '지금·여기', '현재'에 충실하며 하루하루 살아가거든요.

기본적으로 잘파세대는 상사에 대한 존경심이 없습니다. 5년 후, 10년 후 지금 회사에 남아 있을 생각이라면 눈앞에 있는 상사가 자신의 롤모델이 될 수 있겠지만, 그렇게 오래 이 회사에 다닐 생각이 별로 없거든요. 그러니 기본적으로 상사가 나의 롤모델이 될 수 없습니다. 자신의 미래는 회사에 있지 않습니다. 당연히 회사의 성장이 자신의 성장이 될 수 없죠. 그건 회사의 성장이고 오너의 축재일 뿐이에요. 시간과 노력을 갈아서 회사에서 일할 이유가 전혀 없어요.

회사는 비전을 제시함으로써 좋은 인재를 유지합니다. 진짜 인재들은 돈으로 유지할 수가 없는 것이, 회사가 그들에게 주는 연봉보다 그들이 회사에게 벌어다 주는 돈이 훨씬 많거든요. 그러니 다른 곳에 가서도 얼마든지 그 정도 연봉은 받으며 일할 수 있어요. 그래서 대기업이 아닌 한(대기업은 회사의 이름만으로도 비전이 되기도 하니까요) 직원들에게 비전을 심어주고 회사에 대한 미래를 공유하는 것이 CEO의 중요한 역할입니다.

회사에서 커가는 것이 목표라면 승진도 중요하죠. 상사가 부하 직원들을 컨트롤 할 수 있는 힘은 사실 인사고과에서 나오거든요. 그런데 회사의 비전에 공감하지 않고 승진이 누락되어도 전혀 신경 쓰지 않는 사원이라면 이 사원은 컨트롤 자체가 불가능해집니다. 상사 눈치 안 보고 칼퇴근을 하고, 하기 싫은 일은 하기 싫다고 말합니다. 부당하다 싶으면 항의를 하고 회식은 참여하지 않습니다. 회사 안에서 커갈 열망이 없으니 승진을 통해 위계질서를 만들거나 구심력을 만들기가 어려운 구조가 되는 거예요.

에어팟을 끼고 일하는 이유

잘파세대에게 회사는 인생에 있어서 지나가는 하나의 정거장일 뿐입니다. 목적지가 아니죠. 정거장도 여러 정거장 중 하나일 뿐이어서, 과거에 직장이 인생의 모든 것이었던 시절의 사람들이 직장을 대하던 자세로 직장을 대하지 않아요.

조직이나 회사에 비전과 희망이 없다고 해도 보통 사회생활 혹은 조직생활을 하면 그 조직의 분위기에 맞추려고 합니다. 이를 사회지능이라고 하는데요, 심리학자인 손다이크는 사회지능을 타인의 행동을 이해하는 능력, 사회적 단서를 다루는 능력, 인간관계에서 현명하게 행동하는 능력 등으로 규정했어요. 이후 사회적 지능은 타인과의 생활에서 잘 어울려 지내는 능력, 사회생활에서 필요한 사회적 기술 등을 포함하는 것으로 의미가 확대되었습니다.

요컨대 조직에 대해서 비전이나 희망을 갖고 있지 않더라도, 그 조직에 속해있는 동안은 어느 정도 그곳의 분위기에 맞춰서 행동하려는 것이 일반적인 사회지능 측면에서는 자연스러운 일이라는 겁니다. 팀에 일이 많아서 다들 6시에 칼퇴근을 못 하고 일을 하고 있다면, 자신 역시 퇴근을 늦출 생각을 하는 것이 보통의 사회지능을 가진 사람들의 행동이죠.

하지만 일반적으로 잘파세대는 그런 분위기에 아랑곳하지 않고 때가 되면 팀의 과업과는 상관없이 칼퇴근하는 경향을 보입니다. 이런 경향을 '지금·현재'를 중요시하고 회사에 비전을 가지고 있지 않다는 것만으로는 설명이 잘 안 됩니다. 여기에는 분명하게 사회적 유대관계의 약화라는 요인이 들어가 있는 거예요. 그 상징성은 에어팟에 있습니다. SNL 같은 예능을 보면 신입 사원의 이상한 점을 표현하면서 에어팟을 끼고 일한다는 것을 강조합니다. '에어팟을 끼고 일을 해야 능률이 올라가는 편입니다'라는 식으로 설명하죠.

에어팟을 낀다는 건 음악을 듣거나, 영상을 보거나, 게임을 하거나, 아니면 적어도 다른 사람과 통화를 한다는 겁니다. 그러니까 에어팟을 끼고 있다는 것은 '지금·여기'의 맥락에서 벗어나 존재한다는 뜻입니다. 버스 안에서, 길을 걸으면서, 카페에서, 아니면 혼자 있을 때 에어팟을 끼면 아무런 문제가 없지만, 여러 사람이 같이 있는 상황에서 에어팟을 끼고 있다는 건, 이 사람들 속에 자신이 속하지 않음을 나타내는 표시입니다. 그러니 일반적인 직장인이라면 회사에서 에어팟을 끼고 일하는 신입 사원이 눈에 거슬릴 수밖에 없는 거죠.

'에어팟을 끼고 일해야 능률이 올라가고, 어떤 상황에서도 자신의 의견을 굽히지 않으며, 사무실에서도 브이로그를 촬영하고, 툭하면 퇴사한다'[3]는 것이 Z세대 직장인에 대한 일반적 인식인데, 이에 대해 실제로 에어팟을 끼고 일하는 사람은 거의 없다면서 반박을 하는 사람도 많습니다.[4] 하지만 에어팟을 끼고 일한다는 것은 '같이'라는 가치를 정면으로 반박하고 나선다는 상징입니다. 에어팟을 끼고 무리 속에 존재한다는 것은, 결국 그 조직의 분위기에 동화되지 않고 자신만의 일정과 생각을 따르겠다는 의지를 표현하는 거거든요. 그런 면에서 보면 잘파세대가 모두 에어팟을 끼고 일하는 것은 아니지만, 집단 안에서 같이 일하며 마치 에어팟을 끼고 있는 듯한 의식 상태로 존재하는 경우는 흔합니다. 그러니까 에어팟은 상징일 뿐, 지금 우리가 같은 조직의 성공을 위해 개인적인 니즈를 희생하면서 같이 으쌰으쌰 하는 사람인가 아닌가의 문제라는 겁니다.

그런 면에서 잘파세대는 조직을 그다지 의식하지 않아요. 그전까지 젊은 세대들이 칼퇴를 하거나 자신의 의견을 표명할 때는 조직과의 투쟁인 측면이 있었습니다. 눈치를 보면서도 칼퇴를 하면서 자신의 권리를 찾아가는 건데요, 이런 칼퇴는 사실 조직의 흐름을 인식한다는 면에서 어쨌거나 조직이라는 거대한 가치를 인정하는 거거든요. 하지만 잘파세대의 칼퇴에는 조직에 대한 인식이 그다지 없습니다. 자신의 스케줄에 6시 퇴근이 예정되어 있으니까 퇴근하는 거예요.

'지금·여기'의 자신에게 집중하기

IMF나 경제위기를 큰 사건으로 많이 이야기하지만, 그전에 있었던 오일쇼크 같은 경우도 경제적으로 큰 사건이었어요. 하지만 IMF는 그 전의 경제위기와 다른 점이 있었습니다. IMF 이후로 한국 경제가 꺾이기 시작했다는 겁니다. 개발도상국이라는 이름으로 높은 경제성장률을 보이며 사회 전체적으로 활기를 띠며 발전을 거듭하던 시기에서 본격적인 변곡점이 시작되는 시기가 바로 IMF인 거예요. 그 후로 한국은 선진국 사이클에 진입하면서 경제성장률은 눈에 띄게 낮아지고 사회가 안정화되기 시작합니다. 안정화라는 말은 얼핏 들으면 좋은 말 같지만 결국 고착화와 같은 의미입니다. 사회적 변동이 그다지 크지 않다는 말이거든요. 따라서 부나 사회적 지위가 세습되고 계층 간의 경계가 분명해집니다.

전반적으로 사회가 안정화되기 시작하면 개인의 의지와 노력만으로는 한 단계 높은 성취를 이룰 수 없는 사회가 됩니다. 이렇게 안정화된 사회에서 태어난 잘파세대는 사회적 성공과 발전이라는 가치를 비껴가기 시작합니다. 이들은 사회적 맥락을 그다지 중요시하지 않고 이전 세대만큼 사회적 성공에 의미를 두지 않습니다.

결국 이들이 가닿는 곳은 자기 자신입니다. 이런 성향은 개인주의라는 말로 한 번에 표현하기도 힘들어요. 개인주의는 집단주의의 반발이라는 선상에서 의미가 있는데, 이들은 집단에서 자유로운 상태에서 '지금·현재'의 자기 자신에 집중하는 거거든요. 집단을 무조건 싫어하는 것이 아니어서 이들은 오히려 '더불어'의 가치에 공감하는 캠페인이나 '~주의' 같은 데 잘 참여하는 편입니다. 자신과 가치가 맞는 사람과는 약한 연결로 이어져 있는 거죠.

세계인들:
잘파세대는 왜 갤럭시를 안 쓰고 아이폰을 쓸까?

생각보다 사교적인 잘파세대

앞에서 Z세대가 직장에서 에어팟을 끼고 일한다는 이미지가 굉장히 상징적이라고 했습니다. 에어팟을 낌으로써 주변과의 단절을 선언하는 것이나 마찬가지라는 건데요, 재미있는 것은 에어팟으로 상징되는 헤드폰의 의미입니다. 사실 이중적이에요. 귀마개와 다르다는 거죠. 귀마개는 그야말로 '주변과 단절하고 내 일에만 집중할래'라는 뜻이지만 에어팟은 다른 세계와의 연결을 뜻하기도 하거든요. 음악을 듣고 있다면 그 음악에 연결되어 있다는 것이고, 나아가서는 그 음악을 좋아하는 취향의 사람들과도 연결된 느낌일 수 있습니다. PC방에서 게임을 하며 헤드셋을 쓰고 있는 친구들은 누구보다도 폭넓게 많은 사람과 연결되어 있거든요.

잘파세대가 조직에 대해서 소속감도 없고 비전도 강하지 않다고 하면, 조직이나 사람 사이의 관계 자체를 거부하는 듯 보이기 쉽습니다. 하지만 사실 그렇지도 않은 것이 가벼운 연결에 대해서는 훨씬 더 열린 자세를 가지고 있어요. 인스타 챌린지에 등장하는 공익캠페인에도 열심이며 착한 소상공인이나 착한기업의 제품을 애용합니다. 환경보호를 위해 리필용품을 소비하는 데에도 관심이 높습니다.

한국리서치가 전국 18세 이상 남·녀 1,161명을 대상으로 진행한 설문조사에 따르면 Z세대 중 66%가 직업 선택 시 '사회 기여, 공익적 가치 실현'을 중요하게 고려한다고 답했습니다. 삶에서 추구하는 가치에 대해서도 Z세대는 사회 및 타인과의 안전한 관계 형성이나 규범 준수 등을 상당히 중요한 가치로 여기고 있다고 답을 했고요.[1]

이런 결과는 얼핏 개인주의가 강한 잘파세대의 성향과 맞지 않아 보이지만, 사실은 잘파세대의 개인주의가 윗세대의 공동체주의에 반발한 개인주의를 벗어나서, 진정한 의미의 개인주의로 가고 있음을 의미합니다. 공동체주의에 반발하는 개인주의는 공동체주의의 규칙이라고 할 수 있는 규범에 알레르기 반응을 보이죠. 하지만 인간의 진정한 진화론적 경쟁력이 사회화 능력이고, 그래서 다정함 같은 특징이 중요하다고 많은 진화학자들이 입을 모으고 있는 마당에[2] 개인이 진짜 개인으로만 존재해서는 안 되죠.

개인주의가 사회의 중요한 형태가 되기 위해서는 이 개인들이 연합하고 연대할 수 있는 장이나 가치가 잘 마련되어야 합니다. 진정한 개인주의는 개인의 특성을 무시하고 공동체의 규범과 가치에 무조건 따르는 것은 인정할 수 없지만, 개인의 보호와 발전을 위해 가치와 방향성이 맞는 개개인이 약한 연결을 유지하며 공동의 목표를 달성하고, 최소한의 규약을 지키는 것은 환영합니다.

잘파세대는 환경파괴로 인한 이상기온을 온몸으로 겪고 있는 세대이기도 해서 누구보다도 환경을 지키기 위한 공익캠페인에 앞장서기도 합니다. 산책하면서 쓰레기를 줍는 플로깅 같은 활동에 적극적이고 ESG(Environment 환경, Social 사회, Goverance 지배 구조를 뜻하는 약어로, 기업의 사회 및 환경적 활동까지 고려하여 기업의 가치를 측정하는 지표)를 실천하는 기업의 제품을 사용하려고 노력하기도 합니다.[3] 실제로 본 적도 없는 북극곰의 어려움에 공감해 후원을 하기도 하고요.

진정한 개인주의는 연대를 통해 그 힘을 얻는다는 것을 알기 때문에, 아이팟을 끼고 일하니 매우 비사교적이고 자기만의 동굴에 침잠할 것이라는 편견과는 다르게 사교적인 거예요. 잘파세대는 이런 특성을 가지고 있어서 워터밤에서 누군지도 모르는 사람들과 즐겁게 축제를 즐기고, 처음 만나는 사람과 MBTI를 이야기하며 무리 없이 대화를 나눕니다. 처음 만나는 사람들을 경계하며 쉽사리 대화하지 못하고 자신의 동료(혹은 패거리)만을 챙기는 것은 X세대 이상의 세대에서 나타나는 특징이라고 할 수 있어요. 그래서 이들은 회사라든가 동호회처럼 꽉 막힌 폐쇄형 공동체를 기반으로 움직이는 것이고요.

국경이 없는 디지털 세상

잘파세대가 이런 특징을 가지는 가장 중요한 이유는 그들이 디지털 네이티브이기 때문입니다. 디지털 세상에서는 국경의 구분이 희미합니다. 사실상 국경의 구분이라는 것이 없고 언어의 구분이 있는 거죠.

예전에는 지역적 한계가 경제의 기준이 되고 문화의 기준이 되었죠. 그래서 지역적 한계가 있을 때, 그러니까 다른 나라에서 발표된 노래를 지리적 한계로 대중들이 알지 못할 때는 그런 음악을 알만한 위치에 있는 사람들이 그 음악과 비슷하게 음악을 만들어서 한국에서 발표하는 일이 종종 있었습니다. 다른 나라의 대중이나 우리나라의 대중이나 그 음악들이 매우 비슷하다는 것을 서로 알지 못했어요. 그런데 디지털 세상이 되면서 지역적 한계가 없어지고, 음악이 실시간으로 공유됩니다. 싸이의 강남스타일 유튜브 뮤직비디오는 48억 회 재생되었습니다. 수치만 보면 지구 인구의 반이 본 거예요. 이렇게 기술로 인해 지리적 한계나 문화적 경계가 사라지니 그때 만든 음악들이 표절 논쟁이 붙게 되는 거죠.

가요계에서 표절 사례는 부지기수지만, 공식적으로 표절 판결을 받은 경우가 몇 건 되지 않는 이유는 '표절로 의심되는 곡들의 카피 대상이 대부분 해외 아티스트의 곡이어서 원작자가 표절곡의 존재를 알고 소송을 걸지 않는 한 법적으로 저작권 침해 사례가 인정되지 않기 때문'이라고 합니다.[4]

디지털 세상에서는 이런 국경의 경계가 존재하지 않아요. 릴스나 틱톡의 전파력에 힘입어서 이례적으로 히트한 피프티피프티의 〈큐피드〉라는 곡은 스웨덴 음악학교에 다니는 학생들의 작품이고, K-POP으로 대표되는 우리나라 아이돌 음악은 외국인 작곡가가 쓰는 경우가 많죠. 디지털 세상에서 국경 구분이 사라져가면서 현실적인 국경의 구분도 점점 희미해집니다. 한국인이 한 명도 없는 K-POP그룹에 대해서도 그다지 거부감을 느끼지 않게 되고요.[5]

세계시민으로서의 국가 의식

잘파세대는 어려서부터 세계시민으로 성장합니다. 틱톡에서 히트한 춤을 같이 추면서 어느 나라 사람이 췄는지 따지지 않습니다. 〈See Tinh〉은 릴스나 틱톡에서 댄스 챌린지를 많이 해서 유명한 곡인데요, 흔히 '팅팅탕탕' 혹은 '띵띵땅땅' 노래라고 부릅니다. 가사에 그런 부분이 나와서 그런데요, 이게 베트남어예요. 그러니까 베트남 노래인데, 대부분이 이 노래가 베트남 노래인 줄 모르고 춤을 추고 노래를 따라 하는 거예요. 그런 면에서 보면 한국 노래로 댄스 챌린지를 하는데 전 세계 사람들이 참여하는 것도 신기한 일이 아닙니다. 게임에서는 더더욱 세계 구분이 없어요. 전 세계 사람들이 참여하는 게임 이벤트에 참여할 때 필요한 것은 그 게임의 사용자라는 정체성이지 어느 나라 사람이라는 정체성이 아니니까요.

잘파세대는 어려서부터 세계시민으로서의 정체성을 가지고 있습니다. 완전한 세계시민이 되는 데 방해가 되는 것은 언어예요. 달리 보면 AI의 급격한 발달로 통·번역에서 지금보다 훨씬 더 자유도가 올라간다면 이미 소속은 세계시민이기 때문에 급속하게 전 세계가 하나의 감각으로 움직일 수 있습니다.

그래서인지 잘파세대에게는 이념 소비 경향이 약합니다. 사실 이념에 대한 경계는 6·25를 거쳐 온 일부 세대와 그것을 악용하는 정치인들에게만 남아 있지 우리의 일상생활 속에서는 이념이라는 말이 증발된 지 꽤 오래입니다. 그러니까 공산주의 국가니까 여행가면 안 되고 그 나라 제품을 쓰면 안 된다는 식으로 생각하지는 않는다는 거예요. 이제 이념 소비라고 하면 실제적 이념보다는 어느 나라에 대한 호불호에 관계된 소비라고 보는 게 맞습니다. 유니클로나 아사히 맥주 거부 같은 일본 불매운동이 일어났던 것은 민주주의와 공산주의 같은 이념에 관계된 대립이 아니었으니까요.

하지만 전 세대에 비해 잘파세대가 국가 간 경계 의식이 약한 건 사실이에요. 예를 들어 중국과 일본은 우리와 경계를 맞대고 있어서 과거사가 긴밀하게 얽혀 있잖아요. 그 과거사가 침략과 지배, 보호와 예속 등 그다지 좋고 깔끔하게 얽혀있지만은 않으니, 아무리 이웃 나라라고 해도 마냥 좋을 수만은 없습니다.(사실 마냥 안 좋은 경우가 더 많기도 하고요.)

사드 미사일 문제, 독도 문제 등 중국과 일본은 정권과 이슈에 따라서 좋고 싫음이 계속 반복됩니다. 하지만 국가 간 사이가 경색되어서 외교나 경제적인 문제가 불거지는 것과는 별개로 그 나라에 대한 인식은 예전보다 확실히 영향을 덜 받고 있어요.

2023년에는 특히 미국과 중국의 경제전쟁 과정에서 한국이 미국에 조금 더 친숙함을 표현하면서 중국과의 관계가 경색되었습니다. 반중 정서가 살아났었죠. 한국리서치가 국내 만 18세 이상 1,000명을 대상으로 실시한 한국 주변국 호감도 여론조사 결과에 따르면 중국은 23.9점으로 북한의 29.4점보다 낮습니다. 하지만 2023년에 한국에서 가장 인기 있는 간식은 탕후루였어요. 2월에 50여 개 매장을 가졌던 탕후루 프랜차이즈 업체가 8월에는 300개로 늘어날 정도로 폭발적인 인기를 얻었습니다.[6]

마라탕의 인기도 여전합니다. 배달 플랫폼 '배달의 민족'이 발표한 '배민 트렌드 2022'에 따르면 2021년 배민에서 10대가 가장 많이 주문한 메뉴 1위는 마라탕이었어요. 네이버의 '2022 블로그 리포트' 분석 결과에서도 10대 여성의 1위 관심사 키워드는 마라탕이었고요.[7]

한국인이라는 의미

잘파세대는 어려서부터 온라인 세계시민이었습니다. 콘텐츠 중심의 온라인 세상에서는 문화가 훨씬 더 범용적이죠. 국경이나 민족적 특성 같은 것이 약할 수밖에 없어요. 디지털 세상의 상품은 처음부터 글로벌을 겨냥해서 만들어지기 때문에, 게임이든 노래든 간에 기본적으로는 국가색이 가능한 한 탈색된 '메이드 인 글로벌제'입니다. 한국제, 미국제, 일본제가 아니라는 거죠.

문화라는 것이 개인의 생각과 습관을 많이 좌우한다는 것을 생각하면, 잘파세대는 세계시민의 자의식을 가지고 있는 거예요. 그러다 보니 한국인이라는 특성은 잘파세대에게는 정체성의 한 요소일 뿐입니다. 하지만 성별처럼 바꾸기 힘든 특성이 아니라, 필요하면 바꿀 수도 있는 특성인 거예요.

동아일보가 전국 10~60대 남녀 1,850명을 대상으로 한국인으로서의 인식에 대한 설문조사를 진행한 결과에 따르면 '한국인인 것이 뿌듯하고 자랑스럽다'고 답한 응답자는 55.2%로 절반을 조금 넘기는 데 그쳤습니다. 절반가량(44.8%)은 한국인인 것이 별로 자랑스럽지 않다고 답했다고 합니다. 그중에서도 특히 '한국인인 것이 싫다'라고 답한 사람은 22.6%인데 이 중 잘파세대의 비중이 높습니다.

한국인이 왜 싫냐는 물음에 대해서는 혹독한 경쟁, 피곤한 삶, 보여주기식 과시 문화 등을 이유로 들었는데요, 지금 세계적인 위

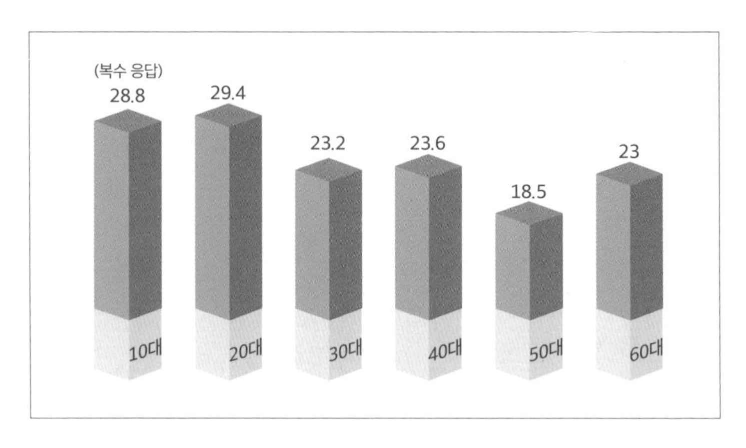

'한국인인 것이 싫다'고 답한 세대별 비중[8]

상을 가진 한국이라는 브랜드가 자기의 브랜드는 아니라는 인식이 뚜렷한 거죠.

한국인으로서의 정체성은 잘파세대에게는 더 이상 효과적인 마케팅 수단이 아닙니다. 노가영 작가의 《새로운 인류 알파세대》라는 책에서는 저자의 초등학생 자녀에 대한 에피소드가 나옵니다. 2022년 12월 카타르 월드컵 때 한국과 포르투갈 경기가 있던 날, 아이가 포르투갈을 응원하더라는 겁니다. 이유를 물어보니 "한국 사람이 포르투갈팀을 응원하면 왜 안 돼? 난 포르투갈이 좋아. 포르투갈 유니폼도 멋있고 페르난데스가 진짜 멋져"라고 대답했다고 합니다.[9]

잘파세대에게 국적은 하나의 특징일 뿐 운명이 아니에요. 조금 과장을 섞어서 표현하면 게임에서 어떤 파티에 속해 있는가와 비슷하고, 어느 초등학교를 다녔는가와도 비슷합니다. 흔히 말하는 '국뽕이 차오른다'는 표현이 있죠. 국가와 히로뽕의 합성어로, 히로뽕이 그다지 긍정적인 요소는 아니잖아요. 단어의 근원에서 보이듯이 국뽕은 국가에 대한 자긍심에 과도하게 도취되어 있는, 그러니까 무조건적으로 한국을 찬양하는 행태를 비꼬는 말입니다.

그런데 이 말이 BTS 정국이 미 빌보드 차트 핫100에서 1위를 했다는 신문기사의 헤드라인에 '국뽕이 차오른다'[10] 같이 쓰이면서 긍정적으로 사용하는 걸 많이 봅니다. 하지만 이런 말이 잘 통하는 것은 한국의 성장이 곧 자신의 성장과 성과처럼 느껴지는 개발도상국 세대의 이야기이죠. 세계시민의 관점에서 보면 한국 사람이 외국 차트에서 상 하나 탄 게 뭐 그리 대단한 일이겠습니까. 이런 관점을 잘 보여주는 예가 봉준호 감독이 영화 〈기생충〉으로 아카데미에서 상을 받기 전에 인터뷰한 "오스카(아카데미상)는 국제영화제가 아니지 않나. 매우 로컬(지역적)이니까"라는 발언이었어요.[11] 그런데 사실 이 발언은 오히려 국뽕을 자극한 발언이기도 했습니다. '그 아카데미가 그저 로컬 영화제라고 말할 수 있는 한국 영화의 패기'를 느낄 수 있었거든요.

그런데 이 발언 이후 넷플릭스를 통해서 한국 영화가 여기저기 성과를 내기 시작했고, 특히 K-POP의 경우 전 세계적인 히트를 기록하기도 해서 실제로 외국 차트에 들거나 외국에서 상을 타는 게 그다지 신기한 일이 아니게 되었어요.

국뽕이라는 것이 효과를 보는 것은 우리가 약할 때입니다. 우리가 뭉치지 않으면 누가 우리를 알아주겠나라는 생각, 그런 것들이 어느 정도 인정받을 때의 감격 같은 것이 국뽕이라는 감정의 구성 성분이거든요. 그런데 우리 경제나 문화가 더 이상 약하지 않다는 사실이 점점 증명되는 거예요. '약한 우리끼리 뭉쳐서 서로를 의지하자'는 개념이 점점 유효하지 않게 되는 겁니다.

갤럭시가 아닌 아이폰을 쓰는 이유

애국심에 호소하는 한국제품 소비 전략은 잘파세대에게 먹히지 않습니다. 한국 것이니까 한국인인 우리가 의식적으로 써야 한다는 식의 손쉬운 홍보문구는 40~50대 이상에게는 아직은 먹힐지 모르지만, 세계시민으로서의 정체성을 갖춘 잘파세대에게는 그다지 큰 효과가 없어요. 그런 면에서 잘파세대가 갤럭시를 안 쓰고 아이폰을 쓰는 이유를 알 수 있습니다.

잘파세대를 대표하는 걸그룹이라고 할 수 있는 뉴진스가 ETA로 무대를 할 때, 공중파로 중계되는 생방송에서 아이폰 퍼포먼스를 했어요. ETA 뮤직비디오 자체가 아이폰과 콜라보로 만들어진 것이니만큼 내용이나 형식 면에서 충분히 이해할 수 있는 상황이었지만, 이 무대 이후로 기성 언론을 중심으로 PPL 논란이 일었습니다. 하지만 이 논란의 이면에는 PPL 문제가 아닌 지금 세계적으로 핫하고 영향력 있는 한국 걸그룹이 삼성전자의 갤럭시가 아닌 애플의 아이폰과 손을 잡았다는 괘씸죄가 적용된 느낌이 있습니다. 이 사안을 다룬 기사들에서 빠지지 않는 논조가 '삼성이 아닌 애플과 손을 잡다니 아쉽다'는 이야기입니다. 한 기사는 사견을 전제로 했지만 "삼성도 당연히 뉴진스에게 접근했었을 것 같습니다. 소속사가 거절했겠죠. 삼성 측이 제시한 조건이 더 좋았어도 애플과 손잡았을 가능성이 높습니다. 아이폰 모델이 된다는 것은 뉴진스의 브랜드 가치를 더해주니까요. 힙하고 고급스러운 이미지는 돈으로도 살 수 없죠. 어쩌면 애플이 뉴진스에게 이렇다 할 모델료조차 제공하지 않았을 수 있습니다. 애플에 돈을 내고라도 아이폰 모델이 되고 싶다는 아티스트가 많을 테니까요"[12]라고 쓰기도 했어요. 이 정도면 팩트보다는 감정이 전달되는 기사입니다.

이런 기사에 공감하는 것은 한국 사람은 한국업체의 제품을 써야 한다는 일종의 애국주의 마케팅이 작용한 결과일 수 있어요. 벤츠를 살 것인가 BMW를 살 것인가에 대해서는 그저 취향만 생각하면 되잖아요. 하지만 현대차를 살 것인가 볼보를 살 것인가는 조금 다른 문제죠. 아직도 해외에서는 이왕이면 한국 차라는 생각에 현대차를 사는 재외동포가 많습니다. 하지만 보통 그 동포들이 잘파세대는 아니에요.

갤럭시 키즈폰을 아이폰으로 바꾸고 싶어 하는 중고등학생들

애국주의 마케팅이 잘파세대에게 더 이상 유용하지 않다는 위기의식은 삼성전자 갤럭시 Z플립5와 갤럭시 Z폴드5를 발표한 '갤럭시 언팩 2023' 행사 전·후로 잘 드러나고 있어요. 사실 잘파세대라는 단어가 부상하게 된 계기도 '잘파세대는 갤럭시를 쓰지 않는다'라는 이때의 논조 때문이기도 하고요. 실제로 요즘 초등학생들은 '아이폰 안 쓰면 왕따'라는 인식이 있기도 합니다. 갤럭시는 엄마가 쓰는 폰 물려받아 쓰는 것이고, 아이폰이 있어야 비로소 친구 무리에 낄 수 있다는 거거든요.[13]

이런 경향은 통계로도 쉽게 찾아 볼 수 있습니다. 한국갤럽에

2023년 7월 11~13일		사례 수 (명)	주 사용 스마트폰 브랜드				
			삼성 갤럭시	애플 아이폰	LG	기타	모름/ 응답거절
스마트폰 사용자		975	69%	23%	6%	0.4%	2%
성별	남성	489	70%	22%	5%	1%	2%
	여성	486	68%	23%	7%	0%	2%
연령별	18~29세	161	32%	65%	1%	1%	
	30대	148	56%	41%	2%		1%
	40대	185	78%	18%	2%		2%
	50대	194	86%	6%	6%	0%	2%
	60대	167	85%	4%	9%		2%
	70대 이상	120	71%	1%	21%	1%	6%

연령별 주 사용 스마트폰 브랜드 조사[14]

따르면 우리나라 스마트폰 이용자 10명 중 7명은 삼성전자 갤럭시 제품을 이용합니다. 과연 삼성의 나라답지요. 그런데 대부분 연령대에서 갤럭시 사용자 비중이 우세했지만 유일하게 아이폰이 앞서는 연령대가 있어요. 18세부터 29세에서는 아이폰이 65%, 갤럭시가 32%로 나타난 거거든요. 연령대가 올라갈수록 갤럭시의 사용률은 높아졌습니다.

이 통계에는 나타나 있지 않지만 '갤럭시 키즈폰'을 머지않아 아이폰으로 바꾸려는 중고등학생이 넘쳐난다는 게 학부모들의 전언이라고 합니다.[15]

삼성의 나이브한 인식

한국 사람들은 삼성전자에 대해 '삼성전자=한국'이라는 의식이 있는 듯해요. '삼성이 망하면 나라가 망한다'[16]는 프레임이 존재하는 것이 사실이고요. 과거 전략적으로 대기업을 육성하던 군사정권 시절의 대기업 위주의 성장정책의 여파가 아직도 남아 있는 것이기도 합니다. 그런데 냉정하게 따지고 보면 삼성전자 주식 하나 가지고 있지 않은 사람이, 이렇게까지 삼성을 국가 기업으로 생각해야 하는지 의문이 듭니다. 물론 삼성에 의해 고용된 인력, 직·간접적으로 창출되는 일자리, 이런 것들을 모두 고려해보아야 하지만, 과거 대우 같은 대기업이 망할 때도 다 어떻게든 살아남았거든요. 하지만 잘파세대가 이런 경제적, 사회적 요소를 다 고려하고 아이폰을 선호하거나 하는 것은 아닙니다.

국적이라는 선택의 요소 하나를 빼고 보니까, 아이폰이 갤럭시보다 더 끌리기 때문인 거예요. 물론 그렇다고 갤럭시를 선택하는 사람들이 모두 국적을 보고 갤럭시를 쓰는 것은 아닙니다. 갤럭시폰의 성능 중에도 아이폰을 앞서는 것이 많습니다. 달의 이미지가 선명하게 찍히는 갤럭시 스마트폰의 카메라 기능은 발매 당시 큰 화제가 되기도 했어요.

우스갯소리로 '갤럭시 쓰는 여자 잡아라'라는 글이 네티즌들 사이에서 화제가 된 적이 있습니다. 이유가 갤럭시를 쓰는 여자가 알뜰하고 실용적인 성격이라는 거예요. 당연히 이에 대해 찬반 논란이 있었는데, 삼성 입장에서는 그다지 유쾌한 논쟁은 아닌 게 사실이죠. 결국 갤럭시 이미지가 알뜰하고 실용적이라는 것이니까요. 갤럭시는 사무용, 업무용 폰인 겁니다.

그런데 이런 위기에 대해서 삼성전자 내의 위기의식은 무척 나이브합니다. 2023년 8월 갤럭시 언팩 후에 가진 내부 행사에서 한 직원이 "아빠가 삼성 다닌다니까 저희 딸은 갤럭시를 쓰는데 친구들은 다 아이폰을 쓴다고 합니다. 이런 현상에 대해 어떻게 생각하시나요?" 하고 묻자, 스마트폰과 가전을 담당하는 DX 부문 최고 경영진을 포함한 임원들 사이에서 나온 대답이 "아이폰 인기는 10대들의 막연한 선망이다. 성인이 되면 갤럭시를 쓰는 만큼 아직 희망이 있다"였습니다.[17] 이 대답은 사내 익명 게시판에서

뭇매를 맞았죠. 뉴스로 보도가 될 정도로 삼성 내 위기의식에 대한 심각성을 보여주었고요.

일단 저 대답이 가진 인식의 문제는 현재와 미래에 대한 통찰이 없다는 것입니다. 오로지 과거만 생각하는 거예요. 현재 문제로 지적된 갤럭시가 업무용, 사무용으로만 쓰는 실용형 휴대폰이라는 점을 인정한다는 의미거든요. 성인이 되면 갤럭시를 쓴다는 말은, 결국 갤럭시를 쓰는 이유가 회사 생활 때문이고 업무용으로 사용한다는 뜻인데, 이런 인식에 대해 문제를 못 느끼고 있다는 거죠.

미래에 대한 통찰과 연결되는 인식을 여기서 확인할 수 있는데, 저 대답은 나이대에 따라서 필요한 휴대폰이 다르다는 인식을 전제하고 있어요. 그러니까 어릴 때는 이미지가 세련된 아이폰을 쓰지만, 나이가 들면 다 실용성을 따져 넘어오게 되어 있다고 생각하는 건데요, 브랜드에 대한 충성도나 세대적인 선호가 그렇게 형성되는 것은 아닙니다.

그 나이대에 가진 선호의 경향이 세월이 지난다고 바뀌는 게 아니거든요. 아이폰을 좋아하던 세대가 10년 후에 갤럭시를 선호하게 될 확률보다, 그때의 20~30대가 가장 선호하는 브랜드가 아이폰이 될 가능성이 훨씬 큰 거예요. 락인Lock in 효과라고 하는데, 앞에 나온 설문조사에서 현재 사용하는 스마트폰 브랜드의 재구입 의사를 묻는 질문에 아이폰과 갤럭시 사용자들은 각각 86%, 87%로 비슷한 비율을 보였어요.[18] 한번 익숙해진 운영체제와 하드웨어를 바꾸지 않겠다는 거거든요. 두 브랜드 모두 락인 효과가 있다면 잘파세대가 선호하는 아이폰 브랜드가 10년, 20년이 지나면 더 유리해질 수밖에 없겠죠. 실용성 역시 보완될 거고요. 예를 들어 삼성폰의 좋은 점은 삼성페이가 된다는 것인데, 애플은 아직 서비스가 제한적이거든요. 그런데 이런 문제는 앞으로 보완할 수 있는 부분입니다. 하드웨어나 앱, 시스템 등 여러 가지 방향으로 보완할 수 있는 것들이죠.

또 하나 생각해야 할 것은 잘파세대의 의식입니다. 개인의 생활 가운데 굉장히 중요한 비중을 차지하는 것이 스마트폰이잖아요. 자신의 기억, 취향, 인간관계 등 모든 것들이 이 안에 들어가 있으니까요. 그런데 사무와 업무보다는 개인이 더 중요한 잘파세대에게 이 스마트폰을 업무용으로 인식시키는 것이 과연 먹히는 전략일까요? 업무를 위해서 개인이 희생되는 느낌이 들 수도 있습니다. 갤럭시 측의 인식이 이렇다면 나중에는 의도치 않게, 아이폰과 갤럭시의 선호가 마치 사회와 개인이라는 의미로 전이될 수도 있습니다.

감성적인 연결에 효과적인 아이폰

나이 들면 갤럭시로 바꾸게 되어있다는 인식은 삼성 입장에서는 그냥 해명용으로라도 가볍게 해서는 안 되는 말입니다. '지금의 통계를 바탕으로', '과거에는 그랬으니까'처럼 인사이트가 없음을 보여주는 대답이에요. 그런데 바로 이런 것들이 센스와 연결됩니다. 실제로 잘파세대가 아이폰을 쓰는 이유는 아이폰이 주는 힙하고 센스있는 이미지 때문입니다.

가성비가 아닌 멋과 디자인이 중요하고, 이것은 이성이 아닌 감성의 영역입니다. 애플은 문화와 이미지를 만들고 삼성은 기능과 기계를 만듭니다. 제조업으로 커서 하드웨어에는 강점이 있지만, 소프트웨어나 콘텐츠에 계속 약점을 보인 삼성의 한계가 다시 나타나고 있어요. 그런데 결국 콘텐츠를 만들고 문화적으로 이미지를 만드는 것은 사람이 하는 일이잖아요. 사람을 충분히 스카웃할 수 있는 삼성이 계속 고전하고 있다는 것은 회사 내부 시스템에서 그런 사람을 데려와도 그들의 생각과 비전을 충분히 펼칠 수 있는 토대가 아직 마련되어 있지 않다는 이야기이기도 합니다.

삼성은 갤럭시의 폴더블 모델을 론칭하며 계속 기능을 강조하고 있어요. 효과적이지 않은 전략이죠. '대화가 통하는 친구가 필요해'라고 말하는 사람에게 '키 큰 친구를 만나보라'고 권하고 있는 것이나 마찬가지니까요. 기능은 이성의 영역입니다. 지금 10대들이 아이폰을 쓰는 것은 감성의 영역이고요.

잘파세대의 감성은 개인주의처럼 보이지만, 사실은 수많은 연결을 원하고 있어요. 같이 애플을 쓰고, 에어드롭(애플 제품 간에 파일을 전송할 수 있는 기능)으로 그 자리에서 콘텐츠를 주고받고 아이메시지로 이야기를 나눕니다. 애플을 쓴다는 동질감에 동참하려는 초등학생들은 지금 엄마를 엄청 조르고 있어요. 아이폰으로 바꿔 달라고요.

이는 미국 역시 마찬가지입니다. 심지어 미국 10대들 사이에는 갤럭시 폰을 비롯한 안드로이드 스마트폰 이용자를 '녹색 말풍선'이라고 부르며 "녹색 말풍선을 쓰는 남자와는 데이트하지 마Never date a green texter"라는 말까지 유행처럼 돈다고 합니다. 아이폰 이용자끼리는 문자가 파란색 말풍선으로 뜨고, 안드로이드 이용자의 문자는 초록색 말풍선으로 뜨거든요. 미국의 시장조사기관 어테인에 따르면 지난해 미국 10대의 83%가 애플 아이폰을 가지고 있다고 답했는데, 갤럭시 이용자의 비율은 10%에 불과했어요.[19] 그래서인지 미국 일부 학교에서는 학생들의 아이폰 사용을 전제로 숙제를 내거나 공지사항을 전달하는 일도 종종 있다고 합니다.

세계시민과 맞지 않는 애국 키워드

한국을 넘어 세계시민으로서의 감각을 가지고 있는 잘파세대는 이런 상황에서 한국 제품이기 때문에 갤럭시를 선택할 것 같지 않습니다. 그런데 이런 어려움이 갤럭시에 국한된 문제만은 아닐 거예요. 최근 들어 유튜브 검색 점유율이 네이버를 넘어섰다는 얘기가 나오고, 아래아 한글의 사용 점유율도 MS워드에 점점 밀리고 있죠. 한때 강하게 박혀있던 우리 것이니까 써야 한다는 신토

불이의 정신이 이제는 케케묵은 고릿적 이야기가 되어가고 있어요. 전 세계적인 문제를 같이 고민해야 하는 세계시민들에게는 아주 촌스러운 생각이죠.

그런데 우리는 심지어 IT기업에서조차 이런 촌스런 전략을 많이 가지고 나옵니다. 네이버가 생성형AI를 발표하면서 Chat GPT에 한참 뒤진 것을 만회하기 위해서 강조한 부분이 새로운 기능이나 차별화된 성능이 아니었어요. '우리 것이라서 우리한테 잘 맞을 테니 이걸 써서 외세의 침입을 막자'는 호소였죠. 흥선대원군 시절이 떠오릅니다. 실패로 끝난 쇄국정책 말입니다. 우리 것이니까 우리가 애용하자는 애국주의 마케팅은 사실 지금까지 한국에서 불패신화를 자랑하는 아주 효과적인 마케팅 방법이었지만, 이제 세계시민인 잘파세대가 점점 사회 전면으로 나오면서 효과가 바래고 있습니다.

PART

잘파세대가 이끌 소비 트렌드의 변화

비대면 마켓의 진화: 디지털 네이티브가 만들어가는 비대면 서비스 왕국

모든 서비스의 디지털화

잘파세대는 디지털 행성에서 태어난 사람들이죠. 따라서 디지털에 익숙할 수밖에 없고, 디지털로 이루어지는 마켓이나 서비스를 무리 없이 사용합니다. 오히려 디지털화 되어 있지 않은 서비스를 사용하는 데 어려움을 겪을 수 있습니다. 예를 들어 맛집을 예약해도 잘파세대는 망고플레이트나 다이닝코드, 아니면 네이버 플레이스에서 예약해요. 당일 예약이 불가능한 곳은 직접 음식점에 가서 줄을 서기는 하지만, 실제로 뙤약볕에 줄을 서는 것이 아니라 테이블링 앱으로 원격 줄서기를 하죠. 앱이나 해당 업장의 키오스크 기계에 예약을 걸어놓고 시간에 맞춰 가든가, 아니면 미

테이블링 앱

리 가서 주변을 돌아보거나 서점이나 다이소에 간다든가 하면서 시간을 보내다가 스마트폰에 차례가 되었음을 알리는 메시지가 오면 그때 음식점에 가는 겁니다.

예전에는 줄 세우기 마케팅이라고, 맛집처럼 보이기 위해 매장 테이블을 천천히 치우면서 밖에 줄을 길게 세워 사람들에게 인기 있는 집인 것처럼 보이는 방식이 종종 사용되었어요. 하지만 잘파 세대는 그런 곳을 굳이 가지 않습니다. 정보가 발달하고 디지털화 되면서 레시피가 많이 공유되어서 맛집의 맛이라는 것이 큰 차이가 나지 않거든요. 맛에 대한 기준이 상황평준화 되었는데, 굳이 2시간을 줄 서서 음식을 먹을 필요가 없는 거예요. 그리고 예약 앱에 매장을 등록하지 못할 정도로 서비스가 디지털화되어 있지 않은 맛집은 보통 인스타 감성에도 맞지 않거든요. 음식점을 선택할 때 인스타 사진에 어떻게 나올 것인지가 중요한 잘파세대에게는 여러 가지로 매력적인 요소가 없는 거죠.

무인 매장의 매력

거의 모든 비즈니스나 서비스, 심지어 자영업에서도 디지털 트랜스포메이션Digital Transformation이 일어나야 합니다. 이걸 줄이면 DT가 아닐까 싶은데 사실은 DX라고 합니다. 영미권에서는 Trans를 X로 줄이기 때문에 그렇습니다.

이 DX는 한국말로 바꾸면 디지털 변환, 디지털 전환 정도의 뜻이 되지만, 개념에 맞춰 의역하면 디지털 변혁 정도가 되어야 합니다. DX의 뜻을 '디지털 기술을 사회 전반에 적용하여 전통적인 사회 구조를 혁신시키는 것'이라고 정의할 수 있거든요. 그런 의미에서 DX는 작업물을 인터넷에 올리거나 홈페이지를 만드는 정도를 뜻하는 게 아니에요. 음식점의 핵심이 음식을 만드는 것임에는 변함이 없겠지만, 그 음식점을 선택하고 음식을 먹고 비용을 지불하기까지의 과정이 디지털화 되도록 근본적으로 재설계해야 하는 겁니다.(업장 입장에서는 수요 예측과 재고 관리 프로세스 등이 디지털화 되어야 하고요.) 그 과정에서 업장에 와서 음식을 먹는 사람들 못지않게 배달이나 포장 등의 비대면 서비스를 원활하게 진행해 나가는 것도 중요합니다.

당연히 이런 DX가 음식점이나 카페의 일만은 아닙니다. 거의 모든 분야에서 DX가 일어나고 있고 일어나야 합니다. 디지털상에서는 물론이고 실물 업장에서도 마찬가지입니다. 인력을 적게 사용하기 위해 업장에서 사람들과의 접촉을 최소화한 동선과 서비스 액션을 설계하게 됩니다. 그러다가 아예 무인화까지 가기도 하죠. 그런데 이 무인화는 잘파세대에게 매력적인 요소입니다. 낯선 사람에 대한 대면을 최소화하고자 하는 사람들에게는 주인이 자꾸 말을 걸거나 판매원이 따라다니면서 쇼핑에 개입하는 가게보다 훨씬 마음이 편안한 매장이거든요.

대표적으로 과거 학교 앞 추억의 문방구가 지금은 무인문방구로 빠르게 대체되고 있어요. 프랜차이즈 무인문방구 '문구야 놀자'는 단순히 문구를 살 수 있는 가게를 넘어 아이들이 편히 찾을 수 있는 감성 문화공간이 되었습니다. 문구야 놀자는 2021년 3월에 처음 가맹점을 모집했는데 2023년 8월 기준으로 225개의 매장과 베트남에 해외매장까지 열었습니다. 그야말로 폭발적인 성장세인데요, 이에 대해 문구야 놀자 측에서 스스로 인기의 이유를 다음과 같이 분석했습니다. "아이들끼리 와서 구경하고 무엇을 살지 판단한 다음, 결정할 수 있도록 시스템을 만들었다. 부모의 영향을 받지 않아도 되고 무엇을 살 건지 물어보는 주인이 없다는 점이, 초등학생들이 눈치를 보지 않고 실컷 아이쇼핑을 할 수 있도록 문턱을 낮추는 효과를 톡톡히 냈다"[1]고요.

문구야 놀자의 성공비결은 비대면이 훨씬 편한 초등학생들의 심리를 꿰뚫은 데 있지만, 초등학생의 넉넉한 주머니 사정을 꿰뚫고 있었다는 점도 한몫합니다. 예전에는 초등학생의 소비 규모라는 것이 무척 소박했죠. 보통은 불량식품 한두 개 사 먹고는 문방구를 나서야 했는데 지금의 초등학생은 10포켓으로부터 받은 넉넉한 용돈과 심지어 엄카(엄마 카드)까지 가지고 다니는 아이들이 많아서 스스로 구매를 결정해 소비 규모가 어느 정도 됩니다.

문구야 놀자 [2]

데이터가 경쟁력이다

잘파세대가 디지털에 강하기 때문에 DX가 중요한 것은 맞지만, 사실 DX는 거의 전 세대의 필요에 의해 일어나는 세계적 변화예요. 잘파세대가 DX에 빠르게 적응하겠지만, 다른 세대 역시 결국에는 적응해야 합니다.

비즈니스를 하거나 가게를 차릴 때 디지털화에 대한 고민이 없다면 미래에 대한 비전이 없이 창업하는 것이나 마찬가지예요. 디지털화의 장점은 데이터를 확실하게 알 수 있다는 것입니다. 어느 시간에 어떤 고객이 무슨 물건을 주로 구입하는지 같은 정보가 어느 정도 정리가 되면 상품발주나 재고관리, 그리고 새로운 상품개발 같은 사업 전반의 구조를 효율화할 수 있어요.

데이터는 미래 사회의 석유라는 말이 있을 정도로 앞으로의 사회, 경제, 문화 등에 큰 영향을 미칩니다. 물론 그 가운데 경제는 당장 직접적인 영향을 받게 되죠. 데이터를 통해 어느 대학교 졸업식에 10시에서 11시 사이에 꽃다발이 30개쯤 팔릴 것이라는 예측을 하고 그에 맞는 수량을 준비해서 그 시간에 판 사람과 그냥 50개의 꽃다발을 준비해서 하루 종일 판 사람과는 경쟁력에서 차이가 날 수밖에 없거든요. 특히 재고 처리 면에서 그렇죠.

센서가 발달하고 컴퓨팅 능력이 발달할수록 데이터의 규모는 더욱 커집니다. 거의 모든 동작과 선택을 데이터화할 수 있거든요. 그런데 문제는 DX에 미적지근하다가 자신의 데이터를 자신이 가지지 못할 수도 있다는 것입니다. 예를 들어 배달앱 같은 경우, 음식점 입장에서는 배달앱에 입점만 하면 되기 때문에 손쉽게 배달의 민족이나 요기요 같은 곳에 들어가거든요. 하지만 음식점들은 배달앱에서 고객의 데이터를 받을 수가 없어요. 고객 데이터는 배달앱에 있기 때문에 음식점에 제공하면 불법이거든요. 따라서 우리 음식점을 이용하는 고객이 어떤 사람들인지 실제 음식점에서는 알 수가 없어요. 그러니 비 오는 날이 우리 메뉴에 어떤 영향을 미치는지, 월드컵 경기가 있는 날에는 얼마나 더 팔릴지, 이 모든 판단의 기준이 사장님의 감만 있지 정확한 데이터가 없는 것입니다. 재고 수량 관리도, 인력 관리도 어렵습니다. 그리고 소비자 대상 이벤트를 해서 충성도를 높이려고 해도 고객들의 이메일 주소가 없으니 우리 매장의 이벤트를 정확하게 타깃팅해서 알릴 수가 없어요.

그런데 재미있는 배달앱이 하나 있는데요, 바로 위메프오예요. 비교적 후발 주자인 위메프오는 배달의 민족이나 요기요, 쿠팡이츠에 밀린 점유율을 높이기 위한 대응 방안을 조금 다르게 들고나왔습니다. 위메프오는 기존 배달앱과 비슷한 서비스를 하는 데 그치지 않고 위메프오 플러스라는 서비스를 출시했어요. 음식점의 독자적인 개별 브랜드 앱을 만들어 주고 달마다 일정한 구독료를 받는 거예요.

푸라닭, 땅스오더, 얌샘김밥, 청춘닭꼬치 등의 브랜드가 위메프오 플러스를 통해서 자사 앱을 만들었어요. 이 브랜드들은 위메프오 플러스를 통해 만든 자사 앱으로 배달주문을 받게 되는데, 그렇게 되면 고객 데이터를 자기들이 가지게 됩니다. 이런 데이터가 1년, 2년 쌓이면 어떤 고객이 우리 회사의 주 고객이고, 그들이 어떻게 행동하고 무엇을 주문하는지를 알게 되어 보다 효과적인 비즈니스 운영을 할 수 있습니다. 그래서 이 브랜드들은 자사 앱에서 주문하면 배달앱에서 주문하는 것보다 소비자들에게 더 많은 혜택을 주면서 자사 앱으로 주문하도록 유도하고 있습니다. 배달앱의 경쟁력이 고객 데이터에 있음을 생각해보면, 자사 배달앱을 구축해서 데이터를 확보한다는 것은 사업의 핵심을 가져오는 거예요.

위메프오 플러스로 만든
청춘닭꼬치의 자사 배달앱

하지만 조그만 음식점이 자사 앱을 구축할 정도로 IT를 활용한다는 것은 불가능한 일이라고 생각해서 보통은 시도를 안 하거든요. 그런데 위메프오 플러스처럼 수수료 기반으로 자사 앱을 만들어 주는 서비스가 생겨난 거죠. 네이버가 운영하는 네이버 클라우드 플랫폼 같은 서비스는 개별 비즈니스에 대해 Compute 서버 상품군, 스토리지, 네트워크, DB, AI, 빅데이터, 프레임워크 등을 사용할 수 있게 해줍니다. 자신의 비즈니스에 맞는 커스터마이징은 사용자의 몫이지만, 그래도 생성형AI부터 맵까지 다양한 서비스를 구축할 수 있으니 잘만 활용하면 굉장히 유용합니다.

고객에게 자기 브랜드의 앱을 깔게 하고, 고객을 그 앱에 종종 접속하게 만드는 것이 장기적으로 보면 가장 바람직한 마케팅 방법입니다. 자기 브랜드의 앱이 있으면 고객의 데이터를 수집할 수 있고 그 데이터를 토대로 비즈니스를 수시로 리디자인 할 수 있거든요. 그렇게 할 수 있는 기업과 그렇지 않은 기업은 격차가 벌어질 수밖에 없죠.

그래서 비즈니스를 하는 사람이라면, 운영하는 것이 작은 동네 가게라 할지라도 데이터를 어떻게 축적할 것인지를 고민해야 합니다. 결국 그 데이터가 작은 동네 가게라는 한계를 벗어나게 해줄 핵심 무기거든요. 특히 디지털에 민감하고 비대면 서비스에 친숙한 잘파세대가 점점 핵심 소비자로 자리 잡아가는 시점에서, 데이터는 도구가 아닌 무기가 됩니다. 그러니 데이터를 확보하는 방법에 대한 노력은 선택이 아닌 필수입니다.

문제는 스피드

잘파세대의 특성에 맞는 디지털 전환에서 빼놓을 수 없는 것이

스피드입니다. 잘파세대는 세계화 세대이기 때문에 트렌드에 민감합니다. 자기 주체성이 분명한데 트렌드에는 민감하다는 뜻은, 그 트렌드 변화 주기가 매우 짧다는 뜻이기도 합니다. 새롭게 무엇인가 유행하면 재미있으니까 따라 해보기는 하는데, 그것에 빠져서 자신의 취향이나 기호를 바꿀 만큼 푹 빠지지는 않습니다. 잘파세대는 소비 주기가 짧고 늘 새로움을 추구하는 라이프 스타일을 보입니다.

그래서 요즘은 홍보도 매우 짧은 시간, 폭넓게 하는 스타일로 바뀌었습니다. 책을 예로 들면 예전에 책 광고는 신문이나 라디오 CM을 하기도 했는데요, 최근에는 거의 SNS나 서점 온라인 사이트의 팝업 광고로 바뀌었습니다. 물론 최근에 신문을 잘 안 보는 경향 때문이기도 하지만, 디지털 광고는 시간 단위로 컨트롤할 수 있거든요. 반응이 온다 싶으면 책정 광고료를 더 올려서 더 많이 뿌릴 수 있고, 반응이 없다 싶으면 바로 중지시킬 수도 있어요. 책 같은 경우는 처음 나오고 3~4주 안에 어느 정도 이상의 판매가 나오지 않으면 출판사에서는 더 이상 광고 집행을 하지 않는 경우가 많아서, 초반에 실시간 반응을 모니터링하는 게 매우 중요해졌습니다.

생각해보면 책뿐만 아니라 최근 홍보나 광고가 이런 식으로 많이 바뀌었습니다. 영화 같은 경우는 개봉을 3~4주 앞두고 배우들의 TV나 유튜브 출연, 그리고 온라인 광고가 폭발적으로 증가하다가 개봉 후 1주 정도의 추이를 본 후에 별 반응이 없다 싶으면 급격하게 줄어듭니다. 1년 내내 제작 소식을 전하면서 관심을 끌던 영화가 개봉 후 순식간에 사라지는 모습을 쉽게 볼 수 있습니다.

가수의 음원 발표도 마찬가지입니다. 그래도 음원의 경우에는 가끔 역주행이라는 것을 합니다. 좋은 곡이라고 알음알음 공유가 되어서 뒤늦게 히트하는 경우인데요, 윤하의 〈사건의 지평선〉이나 아이유의 〈내 손을 잡아〉 같은 노래가 그랬습니다. 디지털 세계의 속도가 너무나 빠르다 보니 트렌드 역시 빠르게 흘러서 대중이 좋은 콘텐츠를 발견할 충분한 시간을 확보하지 못했기 때문입니다.

디지털 시대 비즈니스의 핵심은 트렌드 변화에 따른 빠른 홍보와 마케팅이라고 볼 수 있습니다. 이런 점은 온라인 마케팅을 얼마나 잘하느냐에 따라서 커버가 됩니다. 그래서 한동안 온라인 마케팅에 대한 관심이 지대했고, 지금도 인터넷을 돌아다니다 보면 온라인 마케팅을 가르치는 강의나 컨설팅을 많이 만나볼 수 있어요. 그리고 스마트 스토어에서 어떻게 물건을 잘 팔지에 대한 강의라고 해도, 결국 내용은 블로그나 SNS에 어떻게 노출을 잘 시켜서 홍보할지에 대한 내용인 경우도 많고요.

그런데 잘파세대에 이르러서는 단순히 홍보와 마케팅만 빠르게 바꾸는 게 아닙니다. 내용까지 빠르게 바뀌어요. 디지털의 장점은 빠르다는 것이잖아요. 오프라인으로 따지면 홈페이지가 그 비즈니스의 매장인 셈인데요, 디지털에서는 매장을 금방 지었다가 없앨 수도 있고 매장의 디스플레이를 하루 만에 싹 다 바꿀 수도 있습니다. 게다가 생성형AI가 디자인부터 문구까지 쉽고 빠르게 만들어 주는 시대니까 더더욱 디지털 세계의 스피드는 빨라집니다.

패션기업 LF는 영국 명문대학교인 캠브리지의 상표권을 활용한 캠브리지라는 브랜드를 선보였는데요, 메인 고객층을 '10대부터 20대 초·중반 남녀인 잘파세대'[3]로 설정했습니다. 소비 주기가 짧고 늘 새로움을 추구하는 잘파세대의 라이프스타일 트렌드를 공략한다는 목표를 세웠고요. 의류 자체로는 잘파세대가 선호할 만한 주제를 기반으로 색다른 디자인과 스토리를 입혀 차별화를 꾀했습니다. 그리고 무엇보다 제품 출시 방식과 마케팅 전략도 잘파세대의 특성을 반영했어요. 컬렉션 형태가 아닌 2주에 한 번씩 신제품을 론칭하는 드롭drop방식을 택한 겁니다.[4]

잘파세대를 타깃으로 한 의류 브랜드 캠브리지[5]

잘파세대를 대상으로 한 비즈니스는 얼마나 빠르게 새로움을 주고 신선한 느낌을 주느냐가 경쟁력의 핵심이 됩니다. 그렇다고 매번 새롭게 리뉴얼하려면 그 비용과 노력이 만만치 않죠. 하지만 조금만 생각해보면 새로운 느낌을 주는 방법은 꽤 있어요. 캠브리지의 드롭방식 론칭 전략만 해도 사실 보통 의류 브랜드가 컬렉션이라는 이름으로 계절이 바뀔 때마다 한 번에 발표하던 것을 시차를 두고 조금씩 계속해서 공개할 뿐이거든요. 2주마다 전체 제품 라인업을 뒤집는 게 아니라는 거죠. 방법을 조금 바꿨을 뿐인데 트렌디해 보이는 효과를 누리게 된 거예요. 이렇게 기술적으로 신선함을 덧입히는 것도 좋은 방법입니다.

모바일, 생성형AI를 염두에 둔 비즈니스 설계

디지털 라이프의 발화점은 역시 스마트폰입니다. 온라인 상거래도 PC보다는 스마트폰 상거래가 더 규모가 크죠. 전체 온라인 쇼핑 거래액에서 모바일이 차지하는 비중이 72~73%입니다. 4명 중 3명은 모바일로 쇼핑한다는 뜻입니다. 이 통계표에 따로 연령별 쇼핑 거래액은 나오지 않아서 연령에 따른 차이를 정확하게 말하기는 힘들지만, 체감적으로 잘파세대의 모바일 쇼핑 의존도는 더 클 것으로 예상됩니다.

제가 한번은 제 강연을 듣고 있던 150여 명의 대학생(약 20~

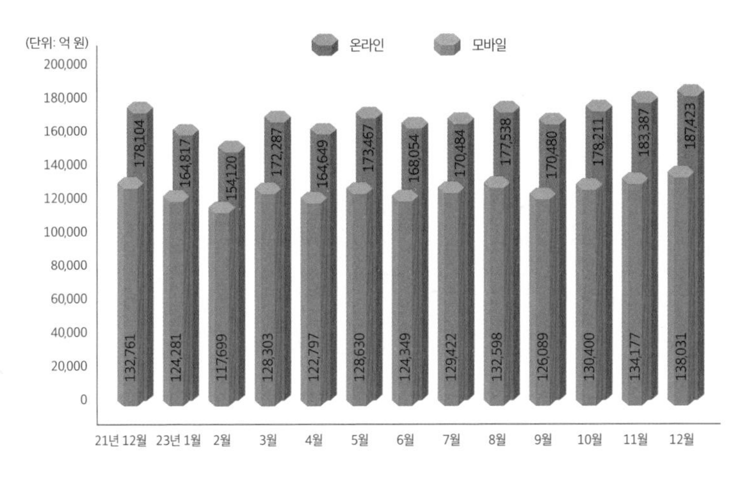

통계청 자료, 2022년 기준 온라인 쇼핑 거래액 동향

24세)에게 물어본 적이 있어요. 최근 한 달 동안 은행을 방문하거나 ATM기를 이용해 본 적이 있냐고요. 약 60%의 학생이 은행이건 ATM기건 이용해 본 적이 없다고 했고, 40%의 학생이 은행은 방문하지 않았지만 ATM기는 이용해 보았다고 하더라고요. 단 한 명만이 최근 한 달 동안 은행을 방문해 보았다고 답을 했어요. 0.6% 정도 되는 거죠. 이 학생에게 이유를 물어봤더니 장학금을 받아야 하는데 은행에 직접 방문해서 수령해야만 해서 어쩔 수 없이 은행에 갔다고 하더라고요. 잘파세대는 은행 업무를 ATM 기기를 쓰는 것이 아니면 대부분 모바일 뱅킹이나 스마트폰 페이로 해결하는 겁니다.

그런 면에서 잘파세대는 스마트폰이 거의 모든 소비나 행동,

연결의 핵심입니다. 따라서 비즈니스 역시 모바일을 기반으로 설계할 필요가 있습니다. 특히 생성형AI가 본격적으로 제품화되고 있는데요, 네이버 같은 경우는 하이퍼클로바X를 발표했거든요. 핵심 전략 중 하나가 플러그인이에요.

플러그인은 서비스나 소프트웨어가 채팅 모델에 연결되는 것을 말합니다. 그러니까 쉽게 이야기하면 자신의 AI비서와 채팅을 하다가 예약이나 구매를 할 수 있게 된 거죠. Open AI의 채팅 모델인 Chat GPT 같은 경우는 여행 예약 사이트인 익스피디아와 플러그인으로 연결되어 있습니다. 예컨대 Chat GPT에게 태국 여행 3박 4일 계획을 짜달라고 한 다음 계획대로 예약해달라고 하면 예약까지 완료되는 겁니다. 물론 실제 예약은 플러그인에 들어와 있는 익스피디아에서 진행하는 거지만, 이런 부분은 보이지 않는 곳에서 이루어지고 사용자 입장에서는 Chat GPT와 대화하다가 결정한다고 느끼는 거죠.

플러그인으로 서비스와 비즈니스가 많이 연결될수록 Chat GPT 같은 채팅형 비서가 할 수 있는 일이 무한대로 늘어나게 됩니다. 모바일로 가능한 여러 가지 일들을 단추를 누르거나 기능을 찾아보지 않고 사람의 말로 쉽게 작동시키는 거죠. 그런 의미에서 모바일을 통한 연결은 앞으로 더욱 강화될 수밖에 없습니다. '이 근처에서 갈만한 PC방을 찾아줘'라고 말했는데 플러그인에 연결돼서 추천이나 예약 가능 목록에 뜨는 PC방과 그렇지 않은 PC방은 매출에서 차이가 생기게 될 테니까요.

특히 잘파세대를 대상으로 비즈니스를 하려면 생성형AI가 발표되면서 속속 연계되는 플러그인이나 API 같은 서비스에 관심을 가져야 합니다.

고객 데이터 확보가 관건

이렇게 서비스가 비대면이 됨에 따라 예전처럼 무차별로 전화를 해서 영업을 하는 마케팅처럼 사람과 접촉(전화라 직접은 아니지만 간접적으로라도)해야 하는 방식을 잘파세대는 '극혐'합니다. 자칫하면 브랜드에 대한 반발심까지 생겨 온라인으로 연결된 친구들에게 공유하기 때문에 앞으로 텔레마케팅은 지양해야 하는 방식인 거죠.

그런 의미에서 여론조사나 설문조사 같은 것도 전화를 기반으로 해서는 더 이상 유효성이 없습니다. 최근 들어 선거의 여론조사 결과가 실제 선거 결과와는 다르게 나오는 일이 빈번하게 일어나는데, 그 이유 중 하나로 드는 것이 설문조사에 응하는 연령대가 정해져 있어서 폭넓게 여론을 담아내지 못해서라고 하거든요. 전화든 대면 인터뷰든 설문조사에 대한 요청을 받는 사람들이 정치에 큰 관심을 가지지 않는 한, 전화로 하나하나 답변하는 잘파세대는 거의 없어요. 중도층, 청년층에 대한 여론의 향방을 알기가 어려운 거죠.

반면 이런 부분들을 보완하기 위해 문자나 카톡 기반의 마케팅은 더더욱 활성화되는데, 다만 이렇게 되면 핸드폰 번호 수집 등 개인정보에 대한 이슈가 발생합니다. 정당하게 개인의 전화번호를 수집하거나 플랫폼으로 끌어들여서 플랫폼에서 자연스럽게 배너를 클릭하도록 노출하는 방식이 아니면 법적인 문제가 생기는 거죠.

그래서 앞으로는 개인의 비대면 연락처를 얼마나 가지고 있느냐가 핵심 경쟁력이 될 수 있습니다. 이를 위해 비즈니스나 마케팅은 고객의 이메일이나 전화번호를 수집하기 위해 돈을 쓰고 있습니다. 반면 고객들은 마이데이터 같은 제도를 통해 자신의 데이터를 자신이 직접 관리하는 방향으로 나아가고 있죠.

마이데이터는 정보 주체가 원하는 곳에 개인정보를 이동시켜 자신이 원하는 서비스에 활용하는 제도인데요,[6] 과격하게 말하면 개인이 본인의 데이터를 팔아서 돈을 버는 행위도 규제 받지 않는 개인의 돈벌이가 될 수 있어요. 개인의 데이터가 업체끼리 공유되면서 거래 대상이 되기도 하는데, 데이터 이동의 선택을 개인이 하게 만드는 것이죠. 2025년이 되면 본격적으로 마이데이터 제도가 시행되는데, 이때가 되면 결국 데이터를 돈 주고 사오면서 데이터에 투자하는 모습을 볼 수 있을 것입니다. 그 전에 어떻게 고객의 데이터를 가능한 한 저렴하게 확보할 수 있는지가 경쟁력이 되겠죠.

디지털 네이티브들의 메타버스 이주

잘파세대의 디지털 친화 경향과 기술의 발전 방향으로 예측해 보면, 잘파세대를 기점으로 결국 인류는 메타버스의 삶으로 진입할 것으로 보입니다. 메타버스는 간단하게 정의하면 '경제활동이 이루어지는 초월 공간' 정도로 말할 수 있는데, 경제활동이 이루어지기 때문에 현실 세계를 대체할 수 있거든요. 그것도 공간적 한계를 초월하다보니 전 세계적인 차원의 경제활동이 가능해집니다. 당연히 그에 따른 사회활동, 커뮤니티, 문화 등의 공유도 이루어져서 또 다른 삶을 살 수 있게 됩니다. 메타버스는 '다음 생'을 살 수 있게 하는 건 아니지만 '다른 생'을 살 수 있게 하는 도구입니다.

하지만 생활 터전을 디지털 공간으로 옮긴다는 것은 극적인 변화죠. 기존의 아날로그와 현실 공간에 익숙한 사람들에게 디지털 공간으로의 이주는 쉽게 받아들일 수 있는 변화가 아니에요. 코로나 팬데믹 때 재택근무를 택했던 기업들이 봉쇄가 끝나자 다시 회사에 출근하라고 종용한 것은 디지털 전환이라는 게 기술이 가능하다고 쉽게 이루어지는 것은 아니라는 사실을 말해줍니다. 일본 생산성본부가 2023년 8월 기준, 기업에 고용된 20세 이상 근로자 1,100명을 대상으로 여론조사를 실시한 결과에 따르면 재택근무 실시 비율은 15.5%를 기록했습니다. 코로나19 팬데믹 기간인 2020년 5월 조사에서 31.5%를 기록한 것에 비하면 반토막이 난

것이죠.[7]

재택근무는 기술의 문제가 아닌 사람의 문제입니다. 대면으로 일을 처리하고 커뮤니케이션을 했던 사람들은 비대면이라는 새로운 수단보다는 자신이 늘 했던 방법이 익숙해서 생산성도 그에 따라 달라질 것입니다. 경영자들은 생산성을 이유로 재택근무를 줄이고 있잖아요. 하지만 디지털 네이티브인 잘파세대는 상황이 좀 다릅니다. 그들은 디지털상에서 대화하고 일을 처리하는 데 익숙한 세대여서 재택근무에서도 대면 근무를 할 때 보다 좋은 성과를 낼 확률이 큽니다. 아직 잘파세대가 본격적으로 일에 뛰어들 나이가 아니어서 사회적으로 큰 파장이 없는 것이지, 몇 년만 지나도 재택근무는 기업 갈등의 주 이슈가 될 가능성이 커요.(M세대만 해도 대면이 익숙하다 보니 결정권자나 관리자가 된 M세대는 대면 근무를 주장할 테고, 잘파세대는 재택근무를 하는 회사를 선호할 테니까요.) 물론 지금도 직장인 입장에서는 재택근무를 선호하지만 자꾸 생산성 이슈가 나오면 주장의 정당성이 떨어지는데, 일하는 실무진이 본격적으로 잘파세대가 되면 생산성 역시 역전될 수 있어요.

재택근무도 그렇고 디지털 생활의 주 플랫폼은 메타버스가 될 것입니다. 아직까지 '진짜 메타버스 같다'라고 할 만한 메타버스는 구현되지 않았습니다만, 메타버스의 초창기 형태 정도라고는 할 수 있는 로블록스나 제페토 같은 플랫폼은 서비스를 하고 있어요. 게임 테마의 메타버스라고 할 수 있는 로블록스의 경우 미국

9~12세 어린이의 70% 이상이 이용하고 있을 정도로 초등학생의 비율이 높다고 합니다.[8] 제페토는 10대 비중이 80%가 넘고요.

이렇게 디지털 공간에서의 생활에 익숙한 잘파세대에게 활용성 좋은, 발달된 형태의 메타버스가 보급된다면 비현실 세계인 메타버스로 디지털 이주가 실현될 것입니다. 애플의 확장현실XR 헤드셋인 비전프로는 2023년 6월에 세계개발자콘퍼런스WWDC에서 발표되었는데, 공간컴퓨팅을 표방하고 나섰죠. 공간컴퓨팅은 메타버스를 애플식으로 번역한 표현이라고 보시면 되는데, 굳이 이런 용어를 쓴 이유는 애플이 지향하는 메타버스가 현실과 디지털이 혼합된 증강현실의 세계라서 그렇습니다.

헤드셋 시장에서 오큘러스 퀘스트 시리즈로 앞서가는 메타는 오큘러스 퀘스트3를 비교적 저렴하면서도 향상된 성능으로 발표

애플의 개발자 대회인 WWDC23에서 비전프로 발표를 하는 모습[9]

하면서, 메타버스 경쟁에 뒤질 생각이 없음을 보여줬죠.

메타버스를 이용하는 효과적인 도구인 헤드셋 시장의 이런 경쟁과 발전은 메타버스 세상이 성큼 다가오고 있음을 보여줍니다. 그리고 이런 도구 없이 기존의 스마트폰으로도 메타버스 세상에서 뛰어놀던 잘파세대가 이런 효과적인 도구를 만났을 때 메타버스에서 어떤 가능성과 세상을 만들어 낼지 기대가 되기도 하고요.

메타버스 세계의 진짜 주민들

이렇게 메타버스의 삶이 보급되면 메타버스를 중심으로 커뮤니티가 생기고 커머스가 생기고 각종 경제활동도 생겨날 거예요. 사람이 있는 곳에 경제가 있는 것이지만, 역으로 경제가 있는 곳에 사람이 있는 것이기도 하므로 메타버스 경제는 사람들을 메타버스로 끌어들이는 기폭제가 될 것입니다.

그리고 메타버스 경제는 콘텐츠를 중심으로 돌아갈 것입니다. 예컨대 브라질과 한국 간에 거래가 이루어진다면, 호미를 실물로 파는 것보다 아바타의 손에 들려줄 호미 아이템을 파는 것이 훨씬 시간과 비용과 노력이 적게 들거든요. 내수시장에서 호미 아이템을 판다고 하면 당연히 규모가 크지 않겠지만, 메타버스는 세계 시장입니다. 호미 아이템만 잘 팔아도 어느 정도의 규모가 나오는 거죠. 그래서 메타버스를 완성시키는 핵심은 뛰어난 그래픽이나 혁신적인 전송 속도 같은 기술이라기보다 통번역 기능의 완비입니다. 자유롭게 언어적인 소통이 된다면 원래 세계인들과의 접촉에 내적인 장벽이 없는 잘파세대에게 이제는 외적인 장벽도 없어지는 셈이 되는 거죠. 세계시민인 잘파세대가 메타버스 내에서 다른 나라 사람들과 자유롭고 편리한 만남을 가지게 됩니다.

메타버스가 불편하고 이용하기 힘들다고 생각하는 세대에게 메타버스는 아무리 기술이 발전해도 몸에 맞는 옷이 아닙니다. 아날로그 세상에서 태어난 세대에게 디지털 세상은 아무리 공부해서 따라잡아도 고향은 아닌 거예요. 메타버스는 그 메타버스에 맞는 세대가 살게 되는 공간입니다. 그리고 그것이 디지털 네이티브인 잘파세대인 것이고요. 잘파세대의 약진은 지금까지의 세계질서를 흔듭니다. 그런데 그것이 지정학적인 질서가 아니라, 온라인과 오프라인이라는 눈에 보이지 않는 경계인 거죠. 메타버스는 그 세계에 어울리는 시민들을 받아들일 때 온전하게 꽃 피우게 될 것입니다. 더 나아가 이제는 메타버스에서의 경제활동에 대해서 어느 정도 대비를 시작해야 할 때라는 거죠. 기존 브랜드들은 메타버스에서 브랜드 헤리티지를 유지할 방법을 어떻게 찾을 것인지, 커머스를 어떻게 론칭하고 브랜드의 콘텐츠화를 통해서 어떻게 거래를 유도할 것인지에 대한 고민을 시작해야 합니다.

잘파세대와 그들의 세계인 메타버스의 본격적인 시작이 그렇게 먼 미래의 일만은 아니거든요. 참고로 키움증권은 보고서를 통해 2025년에 출시하는 애플의 비전프로 2세대는 B2C시장을 겨

냥하고, 2026년 출시하는 3세대 제품은 글라스 기반으로 출시함으로써 대중화를 시도할 것이라고 전망했습니다.[10] 그러고 보면 애플의 아이폰도 3세대나 4세대쯤 와서 본격적으로 대중에게 보급되긴 했었죠.

현금 없는 사회, 디지털 화폐와 NFT

하나만 더 이야기하자면 메타버스가 활성화되면 자연스럽게 같이 뜨는 것이 메타버스 내의 지불수단입니다. 경제활동의 중요한 도구가 화폐인데요, 세계적인 경계를 없애는 장점을 가진 메타버스가 환전 이슈로 경제활동에 경계를 가지면 안 되거든요. 자연스럽게 메타버스 내에서 디지털화된 지불수단이 따로 필요해지는데(싸이월드의 도토리처럼요), 그것이 경제적으로 의미가 있으려면 실제 화폐와 교환할 수 있어야 합니다.(싸이월드의 도토리 이상이어야 한다는 것이죠.)

그래서 디지털 화폐에 대한 필요성이 증가합니다. 한때 디지털 자산을 증명해주는 NFT와 코인이 확 주목을 끌었다가 여러 가지 러그풀(가상자산 개발자의 투자 회수 사기 행위)이 터지면서 지금은 코인이라고 하면 사기 아이템 같은 느낌이 되었는데요, 이건 디지털 화폐의 사용성이 크지 않은데도 그 가능성을 가지고 과대광고를 해서 투자자와 투기꾼의 심리를 자극한 몇몇 사람들 때문입니다.

실제 사용성이 있는 디지털 화폐들은 지금도 꾸준히 거래되고 있어요. 로블록스에서는 로벅스라는 단위로 콘텐츠를 사고파는데, 그 로벅스는 현실의 화폐로 교환할 수 있거든요. 그런데 현재 이 환전은 로블록스의 개발사가 해주는 거예요. 하지만 이런 방식은 개발사의 흥망성쇠에 따라 화폐의 가치가 좌우되다 보니 화폐로서 안정감이 없습니다. 무엇보다 개발사의 농간이 들어간다면 러그풀보다 더 심한 문제가 생길 수도 있고요. 그래서 개발사가 중앙집중식으로 화폐의 운영을 좌지우지할 수 있는 방식이 아닌 분산식으로 화폐를 운용할 수 있는 Web3와 블록체인 기술이 계속적으로 연구되고 개발되고 있습니다.

지금은 코인 폭락의 여파로 디지털 화폐에 대한 거부감이 있는데요, 메타버스 시대가 열리게 되면 디지털 화폐는 어떤 식으로든 구현이 될 수밖에 없습니다. 사실 지금도 신용카드는 물론이고 삼성페이, 애플페이 등을 보면 현금을 사용하지 않는 디지털 화폐의 사회로 가고 있거든요. 중국에서는 모바일 결제 서비스인 알리페이로 거의 모든 결제가 이루어져서 알리페이 없이는 생활이 매우 불편합니다. 상점에서 현금 거래를 하지 않고 모바일 결제만 가능한 경우가 있기 때문입니다.

각국 중앙 정부도 민간의 디지털 화폐에 대해서는 부정적인 반응을 보이지만, 중앙은행에서는 중앙은행이 발행하는 디지털 화폐인 CBDC(중앙은행 전자화폐)를 연구하고 있습니다. 우리나라

의 한국은행 역시 매우 적극적으로 CBDC를 도입하려고 하고 있어요.[11]

그런 만큼 비즈니스의 입장에서도 디지털 화폐와 NFT 등에 꾸준히 관심을 가져야 합니다. 블록체인 기술과 여러 가지 활용법이 꾸준히 연구되고 발전하고 있습니다. 메타버스가 활성화되는 시기에 이러한 기술 역시 같이 활성화될 것입니다. 그래서인지 스타벅스나 아마존 같은 글로벌 기업은 가상화폐와 NFT의 겨울이라고 할 수 있는 2022년 하반기와 2023년에 NFT 관련 비즈니스를 론칭하기도 했어요. 스타벅스는 NFT에 기반한 새로운 리워드 프로그램인 오디세이를 출범했고, 오디세이의 여행 스탬프 NFT 2,000점을 개당 100달러에 판매하기도 했습니다. 18분 만에 완판이 되었죠. 그리고 아마존은 아마존 디지털 마켓플레이스라는 NFT마켓플레이스를 열었습니다. 기존의 거래소와는 다르게 NFT 구매에 가상화폐를 사용하지 않고 신용카드를 사용하는 것으로 차별점을 두었습니다.

이런 글로벌 브랜드들이 디지털 화폐나 NFT에 계속해서 관심을 두는 이유는 메타버스로 펼쳐지는 디지털 세상에서 유리한 위치를 선점하기 위함입니다. 그런 세상이 잘파세대와 함께 성큼 눈앞에 다가오는 만큼 본격적인 준비를 서두르는 것이고요.

개취마켓:
나노 단위로 초개인화된
소비자들을 위한 마켓

'개취'입니다. '취존'해 주시죠

잘파세대는 개인적이고 자기중심적입니다. 형제와 부모의 사랑을 얻기 위해 경쟁을 할 필요도 없었죠. 예전에 형제 많은 집은 부모님 사랑은커녕 밥 먹는 데에도 경쟁이 심했다고 합니다. tvN의 인기드라마였던 〈슬기로운 의사생활〉에 나오는 채송화라는 캐릭터는 의사로서도 그리고 인격적으로도 흠잡을 데 없는 모습을 보이지만 유독 먹는 것 앞에서는 고기가 다 익기도 전에 젓가락을 대는 식탐을 보이는데요, 작중에서 채송화 본인의 해명은 "내 위로 오빠가 3명이나 있어서 음식에 손을 빨리 댄다"는 것입니다.

이런 경쟁도 없이 부모님과 친척들의 사랑과 관심을 받고 자란 잘파세대는 기본적으로 자기 위주로 생각할 수밖에 없고, 그런 만큼 자중감이 있습니다. 이런 자중감의 형성에는 자신을 주인공으로 만들어 주는 스마트폰 기술이 자리하고 있습니다. 틱톡이나 릴스, 유튜브 등을 보기만 하는 것이 아니라 손쉽게 자기가 그 플랫폼에 영상을 올릴 수가 있거든요. 나도 언제든 셀러브리티가 될 수 있다는 생각, 그리고 그런 유사 체험을 언제든 할 수 있다는 가능성은 이들에게 자기중심적 성격이 강하고 주체성이 분명하다는 특징을 강화해 줍니다. 그래서 잘파세대는 생각과 취향이 비교적 분명합니다. 부모가 공부하라고 해서 공부하는 것이 아니죠. 공부 잘하는 것만이 학생의 목표가 아니라고 생각하기 때문이에요. 춤을 잘 추거나 노래를 잘하거나 운동을 잘하는 것은, 공부를 잘하는 것과 등가 가치를 가집니다. 그래서 공부를 못하는 것을 부끄러워하지 않는 학생들도 많습니다. 우리가 스페인어를 못한다고 부끄러워하지 않듯이 말이죠. 학생에게는 공부만이 최고고 유일한 가치라는 기존 세대의 세계관과는 다르죠.

잘파세대는 분명한 취향을 가지고 있어요. 일단 디지털을 통해서 세계적으로 정보를 접하기 때문에 다양한 취향과 기호를 접할 수 있거든요. 견문이 넓은 거죠. 세상에는 공부 외에도 여러 가지 살아가는 방법과 할 일이 널려 있다는 것을 일찌감치 알아요. 그 중에 자신의 마음에 드는 것이 있다면 그것이 자기 취향과 기준이 되는 것입니다. 그리고 경제력을 어느 정도 가지고 있는 세대인 만큼 잘파세대가 자기 취향에 돈을 쓰기 시작하면서 다양한 취향이 마케팅이나 비즈니스 영역으로 들어오기 시작했죠.

건담베이스는 프라모델 전문점인데요, 〈건담〉 기반의 프라모델이나 〈귀멸의 칼날〉, 〈원피스〉 같은 인기 애니메이션의 피규어 등을 파는 곳입니다. 이런 가게는 예전에는 이른바 덕후들의 성지라고 해서 그다지 이미지가 좋지 못했습니다. 하지만 지금은 한국에만 총 16개의 매장이 운영 중입니다.

덕후라는 말 자체도 지금은 뜻이 많이 변했어요. 덕후라는 말은 일본어인 오타쿠御宅를 한국식으로 읽은 오덕후에서 오자를 빼고 덕후라고만 부르기 시작한 것입니다. 오타쿠는 원래 '집 안에만 틀어박혀서 취미생활을 하는 사회성이 부족한 사람'을 일컫는 말이었어요. 우리나라에서는 1997년까지 오타쿠라는 용어가 방송 금지용어였을 정도였습니다. 그런데 지금은 덕후라는 말은 '어떤 분야에 몰두해 전문가 이상의 열정과 흥미를 갖고 있는 사람'이라는 긍정적인 의미로 사용되고 있습니다. 덕후들의 취향을 개취라고 해서 '개인의 취향'으로 받아들이기 시작했고요, '취존'이라고 해서 그 '취향을 존중'하자는 의식도 뒤따랐기 때문이죠. 그렇게 된 데에는 덕후들의 전문 지식이 빛을 발하는데요, 사회가 분화되고 다양한 취향이 나오면서 그에 따르는 세부적이고 디테일한 정보를 유튜브 같은 통로를 통해 덕후들이 전달했기 때문이에요.

먹방을 하는 유튜버는 따지고 보면 먹는 것에 덕후 성향을 보이는 분들이고, 어떻게 맛있게 먹을 수 있는지 꿀팁을 알려주죠.

위스키에 대해서 너무나 디테일한 이야기를 들려주는 유튜버도 있고, 애니메이션 〈원펀맨〉 하나만 주구장창 이야기하는 채널도 있습니다. 이런 덕후 성향은 취향을 드러내는 데에만 그치지 않고 소비와 그에 따른 생산을 이끌어 내기도 합니다. 특히 콘텐츠 시장에서 큰 영향력을 발휘하고 있습니다.

앞서 언급했던 건담베이스만 해도 관련 물건을 파는 것에 그치지 않고, 신한카드와 콜라보로 카드를 발행하기도 했어요. 건담 신한카드라는 체크카드를 발행했는데, 건담베이스 매장에서 10% 할인 서비스를 월 4회(회당 1만 원 한도) 제공하는 정도의 약소한 혜택이지만 많은 사람이 몰렸습니다.

신한카드는 건담 카드뿐 아니라 여러 캐릭터 카드를 발급했습니다. 2023년 1분기 신한카드가 발급한 체크카드는 약 135만 장

산리오 캐릭터와 콜라보한 신한 플리 체크카드

으로 전년 동기 대비 약 20% 증가했는데, 이 중 캐릭터 카드는 일반 체크카드의 약 2배에 달할 정도로 발급 및 사용 비중이 높았습니다.[1] 그리고 이러한 마케팅을 통해 누적으로는 300만 명이 넘는 고객을 확보했습니다. 이런 캐릭터 카드는 상품 설계라기보다는 마케팅이라고 할 수 있어요. 특별한 혜택이나 기능이 더 있는 게 아니거든요. 그냥 카드 디자인이 예뻐서 카드 자체가 굿즈가 되는 겁니다. 신한카드가 재미를 본 캐릭터는 마이멜로디, 쿠로미, 폼폼푸린 등 일본 캐릭터 전문기업 산리오의 캐릭터들인데, 이 회사와 제휴한 산리오 카드가 처음 나왔을 때 10~20대의 발급 신청이 급격하게 몰려 한때 카드 배송이 지연될 정도였다고 합니다.

팔아보고 생산하기

기술의 발달로 다품종 소량생산을 할 수 있는 시대가 되었습니다. 예전에는 한 번 컨베이어 벨트를 세팅하면 쉽사리 바꿀 수가 없어서 다량으로 생산해야 했고, 그러다 보니 하나의 물건을 생산할 때 오래 기획하고 여러 사람의 컨펌 과정을 거치는 보수적인 방식으로 물건을 생산했습니다. 그런데 이제는 그럴 필요가 없어졌습니다. 소량생산이 가능해져서 조금 만들어서 팔아 보다가 소비자 반응이 별로면 빠르게 바꾸면 되거든요. 아예 소비자 반응을 보고 물건을 생산하는 프로세스도 있어요.

와디즈 펀딩은 제품 설명을 보고 소비자들이 일정 수량을 주문해야 물건이 실제 생산되는 시스템을 취합니다. 그러다 어떤 물건은 반응이 너무 좋아서 목표한 양의 30배가 넘는 주문이 들어오기도 하는데요, 그 정도 반응이 몇 번 터지면 정식 생산과 유통을 고려하게 되는 것이죠. 예를 들어 베이직북이라는 노트북은 유통과 브랜드에 들어가는 가격을 빼서 대기업 노트북에 비해 압도적으로 저렴한 20만 원대의 가격을 장점으로 내세워 와디즈에서 펀딩을 진행했거든요. 2019년에 진행한 펀딩에서 6,178명이 참여해 40,466%의 달성률을 보이면서 20억 정도의 판매고를 올렸습니다. 이후 몇 차례 펀딩을 더 진행하면서 노트북 대란이라는 말을 만들어 내기도 했어요. 지금은 아예 자신들이 쇼핑몰을 구축해서 베이직북 판매에 주력하고 있어요. 이 쇼핑몰에서는 베이직스라는 브랜드를 활용해서 청소기나 이어폰, TV도 팔고 있는데, 결국 자신들도 브랜드가 되긴 했지만 그래도 브랜드 아이덴티티라고 할 수 있는 '거품을 뺀 가격'은 유지하고 있습니다.

또 하나 예를 들어볼게요. 출판사에서 책을 내기까지 많은 과정이 필요합니다. 편집자, 마케터, 편집장, 최종적으로는 대표의 동의와 확신이 있어야 책이 제작되거든요. 그래서 정식으로 출판사에서 나오는 책은 실물로 나오기까지 많은 시간과 노력이 필요해요. 제가 아는 출판사 하나는 책의 출간을 결정할 때 20여 명의 사람이 회의에 들어가서 의견을 나눈다고 합니다. 20명의 사람이 모이면 반드시 반대하는 사람이 존재할 수밖에 없어요. 그래서 책의 출간을 쉽게 결정하지 못하는 구조죠.

그런데 이런 출판계에 깜짝 놀랄만한 일이 하나 벌어졌는데요, 이미예 작가님의《달러구트 꿈 백화점》이라는 책 때문입니다. 이 책은 정확하게 판매 부수를 발표하지는 않았지만 1권과 2권을 합해 100만 부 이상 팔렸을 것이라고 추산되고 있어요. 그런데 이 책의 시작은 크라우드 펀딩이었습니다. 2019년 크라우드 펀딩 플랫폼 텀블벅에서《주문하신 꿈은 매진입니다》라는 제목으로 이 소설의 펀딩을 진행했고, 이때 목표 금액의 1,812%를 달성했어요. 그리고 2020년 4월 출판사와 계약했는데, 펀딩이라는 것이 일반적인 출판시장의 프로세스는 아니어서 흥행에 대한 확신이 없었는지 전자책으로 계약을 해요. 그래서《달러구트 꿈 백화점》이라는 제목으로 전자책이 출간되었고, 출간 직후 전자책 플랫폼인 리디북스에서 4주 연속 종합 베스트셀러 1위에 올랐습니다.[2] 그러더니 결국 독자들의 꾸준한 요청으로 같은 해 7월에서야 종이책으로 나왔어요. 소위 대박이 난 거죠.

이미예 작가님은 그전에 책을 내신 분도 아니고 반도체 엔지니어로 일하시던 분이거든요. 이분이 처음부터 출판사에서만 책을 내려고 했다면 굉장히 힘들었을 거예요. 펀딩 결과를 보고 계약한 출판사도 처음에는 종이책을 내지 않았으니까요. 하지만 크라우드 펀딩이라는 방법으로 처음에 큰 투자 없이 책을 내면서 독자들의 반응을 볼 수 있었고, 제작과 유통에 비교적 비용이 적게 드는 전자책이라는 방법으로 시장을 노크해 볼 수 있었습니다. 그런 후에 전통적인 종이책이 나와서 히트를 했으니, 크라우드 펀딩이나 전자책이라는 새로운 기술과 방법이 없던 시대였다면 메가 히트가 된 이 책은 세상에 나오지 못했을 수도 있습니다.

예쁘다 = 독특하다, 못생겼다 = 평범하다

잘파세대는 취향과 가치가 확실한 만큼 자신의 취향이 평범하다거나 뻔하다는 얘기를 듣는 것을 싫어합니다. 옷을 입어도 신발을 신어도 주체성이 있고 '나다움'이 있어야 하는 거죠. 신발 업계에서는 특이한 움직임이 하나 있는데요, 어글리 슈즈라고 해서 못생긴 신발이 꾸준히 인기를 끌고 있어요. 명품 브랜드 발렌시아가의 트리플S와 아디다스의 이지 시리즈가 못생긴 신발로 인기를 끌었고, 크록스의 클로그, 필라, 아식스, 호카, 살로몬, 뉴발란스 등의 브랜드가 그렇습니다. 전체적으로 투박한 디자인인데 전문가들은 못생긴 신발의 인기를 '편안해서'라고 분석합니다. 하지만 10대, 20대가 이런 신발을 찾는 이유는 달라요. 이들의 이유는 '예뻐서'입니다.[3] 이들은 어글리 부츠를 '못생겼다'가 아닌 '독특하다(남들과 다르다)'라는 시각으로 접근합니다. 흔하게 보이는 나이키, 아디다스가 오히려 못생기고 지루하다는 것이죠. 그러니까 말하자면 이들에게 '예쁘다=독특하다'인 셈이고 '못생겼다=평범하다'인 거예요.

누구나 가질 수 있는 흔한 것은 취향이 없고 몰개성하다는 뜻이 되고, 아무나 가지지 못하는 흔치 않은 것은 희귀하다는 이유 하나로 매력을 가지게 됩니다. 잘파세대가 한정판 상품을 사기 위해 오픈런을 하고, 발매 당일 아침부터 줄을 서는 이유가 그 때문입니다. 한정판은 아무나 가질 수 없는 희귀한 것이라는 뜻이니까요.

잘 팔린다고 대량생산을 하기보다는 한정판 마케팅을 통해서 브랜드의 가치를 유지하는 것이 장기적인 포석으로는 바람직합니다. 나이키 같은 브랜드는 이러한 변화를 체현해냈습니다. 중고 리셀 시장에서 나이키 한정판 운동화가 몇 백만 원에 거래된다는 뉴스를 한 번쯤은 보신 적이 있을 텐데요, 진짜 희귀하고 비싼 것은 몇 천만 원도 해요. 글로벌 아이돌 빅뱅의 지드래곤이 2019년 나이키와 콜라보로 88켤레만 제작해서 가족과 친구들에게 선물한 나이키 에어포스1 로우 파라노이즈 제품이 2023년 2월에 스니커즈 거래 사이트인 솔드아웃에서 39,999,000원에 판매된 적도 있습니다.[4]

나이키는 2005년에 전설의 피죤덩크라는 별칭이 붙은 운동화를 150족만 한정판으로 만들면서 한정판 마케팅의 맛을 제대로 알게 됩니다. 당시 이 운동화를 사기 위해서 어마어마한 경쟁이 붙었고, 뉴욕 경찰이 이 운동화의 구매자를 위해서 집까지 안전하게 에스코트해야 할 정도로 경쟁이 과열되었었죠. 지금 이 운동화는 7,000만 원 정도에 거래된다고 합니다.

나이키는 2015년에 이르러 SNKRS라는 앱으로 한정판 상품을 불시에 판매하는 드롭 방식의 마케팅을 디지털화합니다. 이런 방식으로 발매된 신발이 많아지면서 운동화 수집가도 늘어나고, 아예 한정판 운동화를 거래하는 리셀 플랫폼이 활성화되었습니다.[5]

한정판을 가지기 위한 오픈런이나 줄서기는 잘파세대에게는 게임처럼 느껴지는 면이 있습니다. 오픈런은 미션을 클리어하기 위해 하는 경주이고, 미션을 깨게 되면 SNS 인증샷 등을 통해 게임 클리어의 쾌감을 극대화합니다. 그러다가 나이키는 게임을 조금 더 흥미진진하게 만들어요. 드로우 방식의 마케팅을 도입하는데요, 여러 브랜드나 셀럽들과 극소량의 한정판을 만들고 판매 방

2005년 한정판 운동화를 사기 위해 나이키 매장 앞으로 몰려든 사람들에 관한 기사가 운동화 폭동이라는 제목으로 뉴욕포스트지 1면에 실렸다

식을 선착순이 아닌 추첨방식으로 바꾼 겁니다. 그러니까 확률형 게임이 된 거죠.

이제는 다품종 소량생산 시스템이 기술적으로나 프로세스 적으로 갖춰진 시대입니다. 그런 만큼 잘파세대의 다양한 취향에 맞춘 여러 가지 서비스나 상품이 만들어질 수 있어요. 비즈니스를 하는 입장에서 생각해보면 앞으로는 다품종 소량생산을 해야 한다는 뜻이기도 합니다. 취향과 기호가 획일화된 시대에 대량생산은 가격 경쟁력을 유지하는 좋은 방법이었어요. 하지만 다양성을 더욱 중요한 가치로 여기는 잘파세대에게 획일화된 상품은 매력이 떨어집니다. 대량생산을 해도 될 만큼 팔린다는 보장을 할 수가 없어요. 판매 방식도 많이 생산해서 무조건 광고를 돌리는 방법은 이제 효과가 떨어집니다. 게임적 요소를 넣고 구입을 어렵게 만들어서 구입에 성공하면 구매자가 스스로 SNS에 공유하는 입소문 마케팅을 할 수 있도록 설계해야 합니다.

유니크함이 매력

잘파세대는 관광이나 여행 같은 체험을 해도, 남들이 가는 뻔한 곳은 지양합니다. 당연히 잘파세대의 여행에서 단체관광 같은 것은 설 자리가 없습니다. 개인의 자유를 제한하고, 낯선 이들과 계속 같이 다녀야 하며, 무엇보다 자신의 다양한 취향대로 움직이거나 체험할 수가 없기 때문입니다.

개인 여행을 중계하는 서비스나 플랫폼들이 여행계에서는 대세가 될 것이고, 그 플랫폼들은 남들이 뻔히 가는 여행 코스가 아닌 이전에는 알지 못했었던 새로운 루트나 관광지를 계속 발굴해서 신선함을 유지해야 잘파세대의 관심을 끌 수 있습니다. 여행도 세분화 되고 마이크로화 될 것입니다. 최근에 방영되는 여행 예능을 봐도 파리나 일본 등 자주 다루던 곳보다 인도나 몽골, 바하마 같은 흔하게 다루지 않던 곳들이 조명되고 있죠. 잘파세대는 에펠탑 관광보다는 파리 뒷골목 여행에 더 관심을 가집니다. 그리고 큰 소비는 못 하지만 작은 소비에는 돈을 아끼지 않기 때문에 스몰럭셔리가 가능합니다. 아침에는 커피, 점심에는 맥도날드를 먹더라도 저녁에는 미슐랭 레스토랑에서 한 끼를 먹는 거죠.

맛집도 잘 찾아갑니다. 어차피 최근의 맛집 기행은 미션처럼 찾아가는 것이지 지나가다 우연히 들어가는 곳은 아니어서 대로변에 있거나 눈에 띄는 곳에 있는 게 중요한 게 아니에요. 맛도 솔직히 그다지 중요한 요소는 아닙니다. 맛이 상향 평준화되어 있기 때문이죠. 진짜 중요한 것은 '인스타그래머블한가'인데, 이 인스타그래머블하다는 게 비주얼만 좋다는 뜻은 아니라는 것을 이해하셔야 합니다. 잘파세대에게 인스타그래머블하다는 것은 독특한 요소가 있는 것, 유니크한 것, 다른 인스타그램 사진에서는 흔히 보지 못하는 것이라는 뜻입니다. 이런 독특함에는 기꺼이 돈을 지불합니다. 며칠을 편의점 삼각김밥으로 끼니를 때우더라도 말이죠.

그래서 브랜드의 팝업 스토어 같은 경우도 제품을 보여주기보다는 독특한 경험을 하거나 특별한 사진을 찍는 장소로 버전업 되고 있습니다. 중요한 것은 다른 데서는 찾을 수 없는 것, 다른 곳에서는 찍을 수 없는 장면을 제공해야 한다는 것입니다.

앱솔루트의 팝업 스토어[6]

2023년 8~9월 건대의 커먼그라운드에서는 페르노리카코리아의 보드카 브랜드 앱솔루트의 팝업 스토어가 열렸습니다. 스티키몬스터랩과 협업해서 이 팝업 스토어에서만 볼 수 있는 굿즈와 전시품을 만들었죠. 네온사인으로 장식한 공간은 아예 인생샷을 남기는 곳으로 설정되었고요, 곳곳에 독특한 인테리어와 캐릭터를 배치해서 인스타그래머블한 사진을 찍을 수 있게 만들어 놓았습니다. 이번 팝업 이후에는 다시는 찾아볼 수 없으니 사진으로 박제해야겠다는 생각이 들게 말이죠.

이제 브랜드 팝업은 브랜드 제품을 보여주는 곳이 아니라 브랜드 경험을 하게 하고, 경험을 기억하기 위한 유니크한 인증샷을 남기는 곳이 되었습니다. 그래야 잘파세대가 찾아오고 또 다른 사람들에게 공유하기 때문이죠.

익숙한 듯, 익숙하지 않은 브랜드들

개인의 취향과 유니크함만 이야기하다 보니 잘파세대가 무척 독특하고 튀는 것만 찾는다고 생각할 수도 있는데, 디지털을 통해 세계적인 관점과 연결을 경험한 잘파세대는 세계적인 헤리티지 브랜드에도 익숙합니다. 잘 알려진 브랜드에 익숙해서 명품 소비도 하는 것이고요.

대신 잘 알려진 브랜드도 약간의 변형을 가해서 독특함을 만들어 내죠. 재미있는 현상이 하나 있는데요, 한국에서 세계 명문대학의 이름을 걸고 여러 의류 브랜드가 론칭되고 있다는 거예요. 예일대 학생이 아닌데도 예일대 후드티를 입는 거죠. 심지어 예일대(위즈코퍼레이션)를 활용한 의류 매출이 2022년에만 300억원이 넘었습니다.[7] 이 외에 코넬대(옴니아트)와 컬럼비아대(트랜덱스), UCLA(동광인터내셔날) 등의 브랜드 의류도 판매 호조를 보이고 있고요. 그리고 대학뿐 아니라 MLB, 빌보드, 팬암, CNN, 코닥 등 업종과 상관없이 세계적으로 알려진 브랜드도 의류 브랜드를 내는 경우가 상당히 늘었어요.

이런 트렌드가 일어나는 이유는 잘파세대의 경험 때문입니다. 태어날 때부터 디지털 환경에 익숙한 잘파세대는 세계 각국의 다양한 콘텐츠를 쉽게 접해 와서 세계적인 브랜드가 익숙합니다. 그리고 비교적 풍요로운 어린 시절을 겪어서 해외에서 살아보거나 여행을 다닌 경험이 많아서 해외가 친숙해요.[8] 그래서 잘파세대는 이런 헤리티지 브랜드에서 익숙한 브랜드인데 다른 상품에 적용하니 신선한 느낌을 받게 됩니다. 브랜드 헤리티지가 있으면서도 한편으로는 새로운 겁니다. 그리고 중년 세대에게는 과거의 향수를 불러일으킵니다. 필름 카메라가 몰락하고 필름이라는 것이 역사 속으로 사라져 간 후로 코닥이라는 이름을 다시 보게 될 줄 몰랐거든요. 의류 브랜드이긴 하지만 말입니다. 그래서인지 익숙한 브랜드를 다른 상품으로 만나는 현상은 앞으로도 계속될 것으로 보입니다.

시간차가 만들어 낸 이질감과 신선함

또 하나 재미있는 현상이 있습니다. 디지털의 효과는 세계시민 양성이라는 공간의 확장에만 그치지 않았다는 것입니다. 디지털은 시간을 확장하게도 해줘요. 유튜브를 통해서 잘파세대는 이문세의 노래를 듣고, 개그 콘서트를 보기도 합니다. 디지털을 통해서 복원된 과거의 콘텐츠가 현재의 콘텐츠와 나란히 배치됨으로써 잘파세대는 시대를 초월하여 콘텐츠를 받아들일 수 있는 거죠. 과거의 것이 아니라 예스러운 게 특징인 또 다른 신선한 콘텐츠가 되는 겁니다. 잘파세대는 새로운 문화에 대한 경계심이 낮아서 과거의 유산도 쉽게 받아들이기 때문입니다.

뉴트로라는 말은 New와 Retro를 합성한 말인데, 레트로가 과거에 대한 향수를 말한다면 여기에 New가 붙는 뉴트로는 과거의 것을 리뉴얼해서 다시 즐기는 것을 말합니다. 할머니와 밀레니얼의 합성어인 할매니얼 트렌드가 나오고, 그 트렌드에 맞춰서 약과나 식혜 등의 전통 간식이 조명되는 것도 뉴트로의 일종이죠.

4세대 걸그룹인 뉴진스는 스타일링부터 음반 구성, 음원까지 뉴트로에 기반해 론칭했습니다. 검은 긴 생머리에 스포티한 의상을 입고 나타난 이들은 첫사랑의 순수함과 건강한 이미지를 주면서 1세대 걸그룹인 S.E.S.를 떠오르게 했어요. 아예 〈Ditto〉 뮤직비디오에서는 과거 학창시절을 소재로 캠코더까지 등장시켰죠.[9]

과거의 어느 시점을 조명하는 것이 특징인 드라마 〈응답하라〉

시리즈는 1988년, 1994년, 1997년을 각각 다뤘는데요, 나올 때마다 히트를 했고 아직도 후속작에 대한 요구가 이어지고 있습니다. 주목할 만한 점은 응답하라 시리즈의 인기는 나이 많은 사람들의 과거에 대한 회상에 기인한 것이 아니었다는 것이죠. 초등학생뿐 아니라 10대, 20대 역시 즐겁게 드라마를 보고, 옛날 노래를 리메이크한 이 드라마의 OST를 플레이리스트에 저장하며 콘텐츠로 즐겼습니다.

〈스물다섯 스물하나〉 같은 아스라한 첫사랑을 그리는 시대물이나 〈재벌집 막내아들〉 같은 회귀물 역시 과거를 배경으로 하는데 큰 인기를 끌었습니다. 잘파세대에게 이런 드라마들이 보여주는 과거는 케케묵은 과거가 아닌 시간차가 만들어 낸 이질감이 이국적인 감각으로 발현되는 새로운 공간입니다. 그러니까 그들에게는 신선하게 느껴지는 새로운 콘텐츠라는 이야기입니다.

시간과 공간을 넘어선 다양한 취향이 존재하고 그런 취향을 존중하고 존중받길 원하는 잘파세대의 성향을 고려하여 앞으로의 상품과 서비스 개발, 콘텐츠 창작 방향과 문화적 마케팅 방법 등을 고민해야 합니다.

커뮤니티 커머스: 제3의 커뮤니티를 통한 취미와 소비의 연결

서로 연결되어 있다는 감각

잘파세대는 영상통화를 즐깁니다. 전화에 대한 불편함을 호소하는 잘파세대가 영상통화는 즐긴다니 말이 안 되는 것 같지만, 자세히 보면 통화의 형태가 좀 다르긴 해요. 영상통화를 하더라도 적극적으로 이야기를 나누기보다는 그냥 영상을 연결해 놓고 있는 겁니다. 영상통화를 걸어놓고 아무 말 없이 자기 공부를 하거나 책상 정리를 하거나 합니다. 이들이 영상통화를 하는 이유는 긴밀하게 대화를 한다기보다는 그저 연결되어 있다는 감각 때문입니다. 그래서 아무 의미도 없는 문자나 사진을 친구들에게 뜬금없이 보내기도 합니다. 자신과 친구가 연결되어 있다는 확인인 거죠.

유튜브에 '스터디윗미'나 '리드윗미'라는 콘텐츠가 있습니다. 영상을 통해 같이 공부하고 같이 책을 읽는 콘텐츠예요. 채널 주인이 공부하거나 책 읽는 모습을 그대로 촬영해 보여주는 거거든요. 스터디 콘텐츠의 경우 아예 서로 영상을 틀어놓고 소통하지 않으면서 공부하는 장면만 공유하는 것이 하나의 트렌드가 되었습니다. 캠스터디라는 이름으로 같이 공부할 사람을 찾는 카카오톡 오픈채팅방이 320여 개쯤 검색 됩니다. 검색 수치야 그때그때 다르겠지만 평균적으로 300~400개는 검색이 되는 것 같습니다.

캠스터디는 유튜브나 줌을 이용해 알음알음으로 진행하던 것을 넘어서 지금은 서비스화되어 아예 플랫폼이 존재합니다. 구르미나 잇올 캠스터디 같은 경우는 캠스터디를 정식 서비스로 제공하고 있어요. 재미있는 것은 구루미 담당자의 말에 따르면 "캠스터디를 하는 사람들은 서로 모여 있지만 거의 소통하지 않는다. 캠스터디 공부방에서는 스터디 그룹과 달리 소통하지 않는다는 게 국룰(국민과 룰을 합친 신조어. 보편적으로 통용되는 규칙을 뜻함)"[1]이라

카카오톡 오픈 채팅방에 캠스터디로 검색한 결과

고 합니다. 그러니까 캠스터디에서 같이 공부하는 사람들은 같은 목표로 공부하는 사람들이 온라인으로 연결되어 있다는 그 연결감만을 필요로 하는 것이지, 실제적인 소통이나 관계는 감정과 시간의 낭비라고 생각한다는 것이죠. 중요한 것은 무언가를 같이하고 있다는 공동의 연결 감각이 이들의 외로운 공부에 버팀목이 된다는 것입니다.

약한 연결에는 강해요

잘파세대뿐 아니라 모든 인류에게 가장 중요한 것은 커뮤니티, 사회를 만드는 능력이라는 이야기는 최근 많이 거론되는 담론입니다. 《사피엔스》에서 유발 하라리도 사회를 만드는 능력이 인간의 최대 경쟁력이었다고 말하고, 《다정한 것이 살아 남는다》에서 브라이언 헤어와 버네사 우즈는 친화력 있는 개체들이 자연에서 살아남는다고 말합니다. 그리고 《행복의 기원》에서 서은국 교수는 인간의 경쟁력은 무리 짓는 능력이기 때문에 인간은 무리를 짓고 사회 안에 속해 있을 때 가장 행복감을 느낀다고 말합니다. 심지어 아웃사이더도 사람들 주위에서 따로 떨어져 있지 아예 사람들이 없는 곳에서 혼자 존재하지는 않는다고 하죠.

그래서 잘파세대에게도 커뮤니티는 아주 중요합니다. 그런데 재미있는 것은 잘파세대는 커뮤니티를 형성하기에 적합한 특징과

적합하지 않은 특징을 모두 갖추고 있다는 점입니다. 우선 커뮤니티를 형성하기에 적합하지 않은 점은 이들의 개인적인 성향과 코로나 경험입니다. 지나가던 유튜버가 갑자기 카메라를 들이대도 카메라를 피하지 않고 자연스럽게 인터뷰에 응하는 잘파세대의 기질은 조연보다는 주연을 꿈꿉니다. 여러 사람 가운데 조연으로 있기보다는 혼자서 모노드라마를 찍더라도 자기 자신에게 스포트라이트를 비추는 상황을 더 좋아하죠.

그리고 코로나 때 성장기를 거쳐 오면서 낯선 사람과의 사회적 연결을 연습할 기회를 많이 놓쳤습니다. 이때 집에 갇혀 있으면서 친한 사람과만 연락하는 좁은 연결밖에 경험할 기회가 없었죠. 그러다 보니 사회적 연결이 연습되어 있지 않은 겁니다. 심지어 이들이 코로나 시국에 아르바이트를 할 때는 혼자 일하는 경우가 많았습니다. 봉쇄 때문에 손님도 줄고 경제적으로도 힘드니까 사장님들이 혼자서 운영할 수 있게 매장을 세팅했거든요. 그래서 아르바이트를 해도 혼자서 하게 되는 거예요.

반면에 이들은 세계시민으로서 훈련받고 디지털을 통해서 가벼운 연결에 대한 훈련이 잘되어 있기도 합니다. 게임에서 연결된 사람들과 쉽게 농담을 주고받으며 헤드셋 너머로 유대를 다지기도 하고요, 로블록스나 제페토에서 만난 외국 사람들과 간단한 채팅을 부담 없이 주고받습니다. BTS의 팬인 아미라는 정체성으로 외국인과 쉽게 말을 섞기도 하죠. 그래서 가벼운 연결로 이어지는 커뮤니티에 참여하는 것은 매우 손쉬운 일입니다.

그래도 전체적으로 플러스 마이너스를 계산해보면 잘파세대는 낯선 이와의 유대와 커뮤니케이션에 더 열려 있는 편입니다. 서로 다른 정체성과 취향에 대한 인정과 존중, 낯선 문화에 대한 낮은 경계심, 디지털 도구들을 통한 다양한 소통의 도구 등 타인과의 관계 형성을 쉽게 해줄 수 있는 요소가 많거든요. 깊은 관계에는 약하지만 약한 연결에는 강합니다. 디지털을 활용한 약한 연결을 통해 갈수록 모든 것이 세계화되어 가는 요즘에 잘파세대는 무난하게 적응할 가능성이 큽니다. 비즈니스나 콘텐츠를 세계적인 사이즈로 벌일 가능성도 크고요.

커뮤니티 모임의 증가

스타벅스는 트렌드와 문화에 민감한 브랜드입니다. 그런 스타벅스가 지속적으로 추구하는 것이 바로 제3의 공간입니다. 제1의 공간이 집이고, 제2의 공간이 직장입니다. 그리고 '가정이나 직장과는 다른 형식에서 자유로운 사교의 장이 열리기를 원한다'는 미국의 사회학자 레이 올드버그의 연구 결과에 따라 직장과는 다른 '정겨운 공간The great good place'이 바로 제3의 공간입니다.[2]

요컨대 스타벅스는 공간을 가벼운 커뮤니티의 매개체로 잡은 것이죠. 이런 스타벅스의 전략을 잘 보여주는 것이 2022년 9월에 발행한 스타벅스 NFT프로젝트인 스타벅스 오디세이입니다. 스타벅스 오디세이는 스타벅스의 리워드 모델을 NFT플랫폼과 연결해서 고객이 디지털 자산을 획득하고 판매도 할 수 있는 프로그램입니다. 스타벅스는 오디세이가 "온라인 커뮤니티가 교류할 수 있는 공간이며, 이곳에 모여 회원들이 대화하며 커피에 대한 관심을 공유할 수 있다"[3]고 했습니다.

스타벅스의 인공지능 및 신흥기술 책임자인 에반 로즌은 2023년 7월에 서울에서 열린 포럼에서 "코로나 시대를 겪으며 디지털 세계를 연결하는 게 얼마나 중요한지 알게 됐다. 커피숍을 방문하며 물리적, 지리적 사회와 연결될 수 있다"고 발표했습니다. 그러니까 스타벅스는 코로나 이전부터, 그리고 코로나 이후에는 더더욱 스타벅스라는 공간으로 연결되는 커뮤니티를 만들겠다는 뜻입니다.

스타벅스의 바닐라라떼를 좋아하는 커뮤니티를 만들 수 있고, 공정무역 커피를 지지하는 사람들의 커뮤니티, 혹은 종로에 사는 스타벅스를 좋아하는 사람들의 커뮤니티, 신메뉴를 빨리 맛보고 싶은 얼리어답터들의 커뮤니티 등 다양한 주제의 커뮤니티를 만들 수 있습니다. 스타벅스 NFT는 그런 지향점의 구체적인 출발점이죠.

커뮤니티의 중요성은 AI시대가 성큼 우리 앞으로 다가오면서 더욱 주목받고 있습니다. 코로나 이후 비대면 서비스가 가속화되면서 사람들이 점점 혼자 일하게 되고, 혼자서 결정해야 하는 일이 늘어나면서 반대급부적인 면에서 커뮤니티 모임이 많이 증가하던 참이었거든요. 팬 기반, 강연이나 정보 기반, F&B 기반, 독서 기반, 취향 기반 등 다양한 구심점을 가진 커뮤니티 모임이 급격하게 늘었습니다.

한국 사회에서 약한 연결의 커뮤니티 모임은 PC통신 시절 동호회 문화부터 꾸준히 이어져 오고 있습니다. PC통신 시절 프리챌이라는 클럽 모임에 특화된 포털 사이트가 있었는데 2002년에 100만 개에 달하는 커뮤니티를 가질 정도였어요. 그리고 싸이월드나 페이스북, 트위터로 온라인 연결의 흐름이 이어졌고요. 네이버 카페나 다음 카페가 오프라인 연결의 흐름을 이었죠. 그러다가 결국에 커뮤니티라는 측면에서는 네이버 카페가 온라인이나 오프라인 양쪽으로 두각을 나타내게 되었는데, 이때부터 오프라인에서의 커뮤니티 기능은 점점 희미해지기 시작했어요. 그러다가 집밥을 같이 먹는다든가, 유료로 독서토론을 한다든가 하는 식의 유료 공유 모임이 하나둘씩 생기기 시작합니다. 익명으로 자격 제한 없는 커뮤니티 모임을 하다가 이른바 '모임 빌런'을 만나서 험한 꼴을 겪었던 사람들이 회비나 참가비라는 허들로 어느 정도 안전 가이드라인을 가진 커뮤니티 모임이 더 유용하다고 생각하게 된 거죠. 하지만 어느 정도 확장되어 가던 이런 커뮤니티 모임은 코로나라는 암초에 대부분 좌초되고 말았습니다.

코로나 팬데믹이 끝나고 다시 커뮤니티 모임이 만들어지고 움직이기 시작했는데 코로나의 경험 때문에 이 봉쇄의 경험을 뚫고 살아남은 커뮤니티의 결속력과 필요성은 더욱 강해졌어요. 코로나 전에는 강연이나 인물, 정보(주로 투자에 관한) 기반의 커뮤니티가 활발했다면, 코로나 이후에는 독서나 취향 기반의 커뮤니티가 더욱 강세를 보입니다. 심지어 그냥 한 달에 한 번씩 모여서 서로의 노하우를 나누는 친목 커뮤니티도 꽤 만들어지고 운영되고 있습니다. 중요한 것은 코로나 이후 만들어지는 커뮤니티는 유료인 경우가 많다는 거죠. 유료라는 허들이 어느 정도 모임의 만족감과 참가자의 퀄리티를 보장해 준다고 생각하는 거예요. 그리고 보통은 모임 주최자가 있어서 미션으로 '각자 와인 한 병 알아서 가져오기' 같이 애매한 미션으로 모임이 흐지부지하게 운영되는 일이 많이 사라졌죠. 참가비를 내면 주최자가 와인을 미리 준비해 두거든요.

취향 모임은 와인이나 골프, 여가나 명상을 기반으로 하거나, 이보다 범용적인 모임으로는 독서가 기반이 되는 커뮤니티가 많이 생기고 있습니다. 특히 잘파세대에 해당하는 젊은 직장인의 경우에는 독서 모임에 많이 유입되는 편인데요, 6시 퇴근 후에 술자리나 자주 만나는 친구들과의 친목 모임보다 새로운 자극과 공부를 원하는 사람들의 모임으로는 독서 모임이 맞춤이거든요. 책이라는 매개체로 만나는 사람들인만큼 어느 정도 교양과 상식에 대한 관심이나 지향성이 보장되어 있고, 같은 주제의 책이면 관심사나 종사하는 산업군, 직무가 비슷하니 나눌 이야기나 정보가 많습니다. 그래서 사회적 인맥 쌓기의 장으로도 독서 모임은 유용합니다.

다양한 형태의 커뮤니티 비즈니스 모델

커뮤니티 비즈니스도 다양한 형태로 생겨나고 있어요. 예전에 커뮤니티 모임은 모임 자체에 돈을 내거나, 아니면 강의를 진행하고 강의료를 지불하는 방식으로 진행되는 경우가 많았습니다. 하지만 무형의 모임에 돈을 지불한다는 데 아무래도 한국 사람들은 익숙하지가 않고, 또 강의는 같은 커뮤니티의 같은 사람에게 몇 번 듣다 보면 내용이 비슷하고 장기간 들으면 효과가 떨어지는 단점이 있어요.

그래서 스타강사인 김미경 강사가 진행하는 MKYU 같은 스터디 지향의 커뮤니티 모임은 김미경 강사가 강의를 다 하는 것이 아니라 각 분야의 유명한 전문가를 모셔서 강의를 듣거나 김미경 강사와 인터뷰를 진행하는 식으로 내용의 단조로움을 극복하기도 했습니다. 하지만 이런 식으로 강사의 강의가 주가 되는 스터디 커뮤니티의 문제는 다양한 내용에 대한 학습자들의 관심과 텐션을 계속 유지시키는 게 쉽지가 않아요. 김미경 강사처럼 카리스마 있게 텐션을 끌어갈 리더가 없는 한 지속하기 힘든 커뮤니티 모델이죠. 평범한 커뮤니티 모임을 지속시키려면, 미션을 위에서 아래로 전달되는 분위기보다는 구성원이 재미를 느끼고 자발적으로 참여하는 수평적인 분위기가 되어야 합니다.

그런 의미에서 트레바리 같은 독서 모임은 주목할 만합니다. 수평적인 커뮤니티를 지향하면서 시작했거든요. 모임 참가자들이 한 권의 책에 대해 의견을 나누다 보니 다양한 의견을 들을 수 있는 재미있는 시간이 마련되기도 했고요. 그런데 시간이 지날수록 참가자들은 어차피 콘텐츠는 우리의 이야기인데 단순히 모임을 제공했다고 해서 회당 6~7만원 정도 되는 비용을 낸다는 데[4] 불만을 가지기 시작합니다. 아무래도 한국인들은 무형의 수평적인 모임에 돈을 지불하는 데 익숙하지 않거든요. 그래서인지 트레바리는 점점 클럽장이라는 이름으로 강사 역할을 할 만한 사람들과 콜라보로 모임을 만들기 시작해요. 강의에는 비용을 지불하니까요.

그런 의미에서 공간과 음식, 그리고 와인을 파는 사유의 서재의 커뮤니티 모델은 시사점이 있습니다. 남산에 위치한 사유의 서재는 원래 강남역 근처에 본점이 있었는데 코로나 시국에 남산의 5층짜리 건물을 매입해서 크게 커뮤니티 모임 공간을 열었습니다. 코로나 시국에는 모임 자체가 힘들었기 때문에 와인과 음식이라는 F&B 기능에 집중했는데요, 코로나 봉쇄가 풀리면서 사유의 서재는 각종 커뮤니티 모임의 장소 제공이라는 본래 목적에 충실한 사업을 본격적으로 벌이기 시작했어요.

와인 클래스나 루프탑 파티처럼 와인을 매개로 한 커뮤니티 모임을 개최하고, 사유의 서재라는 이름에 걸맞게 독서 모임도 다양하게 시도하고 있습니다. 개인이 주최하는 커뮤니티 모임에 공간을 대여하는 일도 같이하고 있고요. 그러니까 사유의 서재는 외식사업을 하는 곳이 아니라 커뮤니티 사업을 하는 곳입니다. 모임의

사유의 서재에서 진행한 와인 클래스

주최는 회원들이고 사유의 서재는 음식과 와인, 아니면 공간에 비용을 붙여서 비즈니스 모델을 만듭니다. 모임에는 과금을 하지 않는 거죠. 어떻게 생각하면 커뮤니티 비즈니스를 무조건 커뮤니티 비즈니스로만 접근한 것이 아니라, 커뮤니티 비즈니스의 수익구조를 공간 비즈니스나 외식 비즈니스로 접근한 거예요. 대신 공간과 음식, 와인에 어울리는 콘텐츠를 모임으로 선정한 것이죠. 이러한 방식도 하나의 커뮤니티 비즈니스 모델이 될 것입니다.

차라리 비즈니스적인 커뮤티니가 낫다

대학에서는 동아리나 학회 등 커뮤니티의 역할을 하던 모임의 기능이 점점 축소되고 있어요. 동아리도 취업을 위한 스펙 쌓기나 투자 공부를 하는 동아리가 아니면 모집에 어려움을 겪는 곳이 많습니다. 그리고 넷플릭스 다큐를 통해서 대학가 동아리를 중심으로 한 기독교복음선교회(통칭 JMS)의 포교 수법이 공개된 이후로 특히 종교 동아리 가입에 거부감을 가지게 된 신입생들도 많아졌습니다. "방송을 통해 (사이비 종교) 위장 동아리가 많다는 걸 알게 되고 신중해졌다"라거나 "JMS 방송 이후 (동아리 가입이) 꺼려진다. 혹시 모르니까 동아리는 아예 안 하려 한다"[5]는 반응인 거죠.

반면 학교를 중심으로 한 교내 동아리보다 다른 학교 학생들과 연합해서 가볍게 모이는 연합동아리는 오히려 활기를 띄고 있습니다. 이 연합동아리들은 비교적 가벼운 주제로 연결되는데요, 맛집 탐방이나 MBTI, 버킷리스트 실행 같은 주제를 가지고 느슨하게 연결되는 연대입니다. 코로나 시국에는 연고이팅이라는 맛집 탐방 동아리가 관심을 끌었는데요, TV 예능인 〈백종원의 골목식당〉에 시식단으로 나와 대중들에게 많이 알려지게 되었죠.[6]

연고이팅은 연세대, 고려대, 이화여대 맛집 연합동아리인데, '연대, 고대, 이대, 이팅eating'의 앞 글자를 따서 만든 이름입니다. 나중에는 학교가 더 추가돼 성신여대, 서강대, 한양대 등 서울 내

6개 대학교의 연합동아리가 되었는데, 이 모임은 특별한 주제가 있다기보다는 맛집 탐방, 놀러 다니기 같은 활동을 하는 친목을 위한 커뮤니티예요. 6명이 한 조가 돼 매주 맛집을 찾아다니는 게 기본 활동이고, 여기에 벚꽃 구경, 한강에서 치맥(치킨+맥주)하기, 롯데월드 가기 등 회원들이 평소 하고 싶었던 버킷리스트 활동을 함께합니다.[7]

사람들과의 교류가 부족하다고 느낀 잘파세대는 다른 사람과의 교류에 나서고 있습니다. 대신 잘파세대는 깊은 관계를 형성하는 커뮤니티보다는 가볍게 연결되는 커뮤니티를 선호하고 있어요. 여러 학교 학생들과의 교류를 통해 다양성을 보충하면서도 자신의 즐거움과 낭만을 실현하는 도구로 커뮤니티를 활용하는 것이죠. 그런데 이런 커뮤니티에 부담 없이 가입하는 이유는 탈퇴가 비교적 자유롭고 쉽기 때문인데요, 그런 만큼 이런 커뮤니티는 모임을 이끌어 가는 누군가의 헌신적인 희생이 없다면 오래 지속하기 힘들다는 문제가 있어요. 이 문제를 해결하기 위해서는 운영하는 사람들이 이익을 얻을 수 있도록 해야 하는데, 그러면 커뮤니티가 비즈니스화된다는 이유로 대규모 탈퇴가 발생할 수도 있어요.

그래서 차라리 처음부터 비즈니스적인 커뮤니티를 만드는 게 나을 수도 있습니다. 이에 동의한 사람들이 비용을 지불하며 가입하면 의리 때문에 모임을 지속하는 사람들이 줄어듭니다. 그리고 참여자들은 자신이 비용을 낸 만큼 받아 가는 것이 있다고 생각하면 커뮤니티 모임을 계속할 거거든요. 그렇게 하는 것이 가벼운 연결이라는 메시지를 주면서 오히려 개인이 부담 없이 참여할 수 있어 지속해서 커뮤니티를 이끌어 가는 동력이 될 수 있어요. 비즈니스로 접근하니까 주최자 역시 여러 가지로 모임을 지속할 수 있는 구심력을 고민하면서 다양한 콘텐츠가 채워지게 됩니다. 이 다양한 콘텐츠는 참여자들의 관심을 끌어내 커뮤니티에 계속 출석하게 만들죠.

같이 실현하는 가치

지극히 개인적이어서 타인과의 교류에는 관심이 없을 것이라는 편견과는 달리 잘파세대는 다른 사람과의 교류에 소극적이지 않습니다. 깊숙한 관계에는 서투를 수 있어도 가볍게 연결되는 약한 연결에는 어떤 세대보다 강합니다. 자존감이 강하니 직업 때문에 주눅 들거나 사회적 지위 때문에 관계에서 위축되는 게 덜하거든요.

명문대를 나온 20대 여성들이 프레시 매니저 일을 하면서 시간 활용이 자유로워서 워라밸에 만족한다는 유튜브 인터뷰 영상이 꽤 많습니다. 이 프레시 매니저는 한때는 야쿠르트 아줌마라고 불렸던 직업이라서 그 이미지가 스마트하지는 않거든요. 그런데 현재 프레시 매니저의 2030 비율은 27.6%라고 합니다.[8] 트럭 운전을 하거나 자판기를 운영하는 20대들이 굉장히 만족스럽게 일하는 영상을 유튜브에서 종종 볼 수 있어요.

원래 낯선 이들과의 모임을 꺼리는 이유 중 하나는 자신에 대한 열등감 같은 것도 있거든요. 외모, 재산, 직업 등 여러 가지 요소가 있는데 잘파세대는 비교적 이런 열등감이 적고 오히려 자중감이 있죠. 그러니 낯선 사람에게 자신을 소개해야 하는 모임에도 부담이 좀 덜합니다.

그리고 잘파세대는 가벼운 연결에는 적극적으로 참여하는 경향도 있어요. 현실에서의 가벼운 연결이라는 것이 따지고 보면 디지털로 가볍게 스치면서 연결되는 감각과 비슷한 거거든요. 그런 면에서 SNS에서의 공익 챌린지 같은 것에 잘 참여합니다. 코로나19 진료를 위해 어려움을 겪는 의료진들에게 고마움과 존경의 의미를 담아 수어를 사진이나 영상으로 표현한 뒤 #덕분에캠페인, #덕분에챌린지, #의료진덕분에 등 3개의 해시태그를 붙이는 '덕분에 챌린지'가 있었는데요, 이런 캠페인에 누구보다 빠르게 참여하는 것이 잘파세대입니다. 보건복지부에서 운영하는 덕분에 챌린지 인스타 채널에 들어가 보면 중·고등학생, 군인, 대학생의 참여가 많은 것을 확인할 수 있습니다.

잘파세대들은 이런 공익적 움직임에 참여를 잘해요. 카메라 앞에 서거나 자신의 사진을 공유하는 데 다른 세대보다 익숙해서이기도 하지만, 더 큰 이유는 같은 가치를 지향함으로써 약하지만 공동체로서의 정체성을 가질 수 있기 때문입니다. 가치를 지향하고 가치가 드러나는 소비를 한다는 것은 자신의 정체성을 분명히 하는 일입니다. 자아에 대해 확신이 있고 자신을 존중하는 잘파세대는 자신의 가치를 드러내는 일에 긍정적입니다.

SNS상에서 화제가 된 착한 소상공인의 가게를 찾아가 음식을 주문하거나 심지어 주문만 하고 음식은 안 받겠다는 식으로 팔아주기를 하는 행위를 '돈쭐을 낸다'고 표현합니다. 치킨 프랜차이즈인 철인7호 홍대점 같은 경우가 돈쭐난 음식점으로 유명하죠. 치킨을 먹고 싶은데 돈이 없어서 문 앞에서 우물대고 있는 형제를 발견한 사장님은 이 형제를 가게 안으로 들여서 제일 좋은 치킨을

인스타그램에 올라온 덕분에 챌린지 캡쳐

대접해요. 동생은 이후로 형 몰래 몇 번 더 찾아갔는데 그때마다 치킨을 대접하고 심지어 이발도 시켜줍니다. 그런데 이때가 코로나로 음식점도 영업이 너무 어려울 때였거든요. 사장님의 장사가 걱정된 형은 손글씨로 쓴 편지를 프랜차이즈 본사에 보내서 사장님의 선행을 알렸고, 이것이 언론 보도가 되면서 대중에게 알려졌습니다. 기적은 그 이후에 일어났는데요, 이 보도를 접한 사람들이 이 치킨집에 주문을 하거나 후원을 하면서 '돈쭐을 낸다'라는 말이 유행하기 시작했죠.

MBC 예능 프로그램 〈놀면 뭐하니?〉에서는 MC인 유재석이 이 치킨집에 돈쭐을 내려는 사람을 도와주는 에피소드가 나오기도 했어요. 치킨 120마리를 시켜서 아동복지시설에 전달하려는 사람이 있었거든요. 그런데 특이한 점은 이 돈쭐을 내려는 20대 분도 배달 아르바이트를 하면서 음악을 하는 어려운 분이었고 "오늘 돈쭐을 내면 자신이 가진 돈의 절반을 쓰는 상황"이라고 했어요. 게다가 당근마켓에 올린 글을 보고 유재석이 찾아가는 콘셉트의 촬영이어서 이 사람은 오늘 이런 이야기가 방송될지 전혀 모르는 상황이었죠.

그러니까 방송을 의식한 콘셉트가 아니라, 오로지 철인7호 홍대점 사장님의 선한 행위에 감명을 받고, 자신 역시 그 선한 행위에 동참한 거예요. 재미있는 것은 인디 음악을 하는 이분의 라이브 방송에 평소 20~30명이 찾아왔는데, 방송 이후에 진행된 라이브 방송에서 1,200명 정도의 사람들이 찾아와 이분의 선한 마음에 또 응답했다는 겁니다.

디지털이나 인터넷에 강한 만큼 이런 이슈나 트렌드를 빨리 캐치하는 것이 잘파세대의 특징이긴 하지만, 중요한 점은 선한 정보를 접한다고 선하게 행동하는 것은 아니거든요. 그런데 잘파세대는 비교적 선한 가치에 동조하고 같이 동참하는 확률이 높은 거죠.

나의 윤리적 소비가 지구를 살린다

재미있는 점은 잘파세대는 선행을 감추지 않는다는 것입니다. 코로나 시기에 어려운 동네 음식점을 후원하고 응원하는 챌린지도 있었습니다. 이 챌린지는 동네 음식점에 주문한 후에 영수증과 음식사진을 인증하는 것이었는데요, 해당 게시물을 올리고 #사장님 힘내세요, #가치소비캠페인 같은 해시태그를 달았습니다.

자신의 선행을 인증이라는 이름으로 티를 내는 것인데요, 자신의 가치와 지향을 분명히 보여주는 거죠. 이런 티내기가 또 다른 사람들을 자극하게 되고 선한 행위를 전파시킵니다. 그리고 해시태그 인증은 비교적 간단한 미션이라서 선한 행위를 전파하는 데 효과도 좋아요.

하지만 잘파세대가 꼭 티를 내기 위해서 선한 행위나 가치에 동참하는 것은 아닙니다. 디지털 세계를 통해 생각의 단위를 세계로 확장할 수 있었던 이들에게 전 지구적 이상기온 같은 이슈는

파타고니아의 Don't buy this jacket 광고[9]

남의 문제가 아닌 나의 문제이거든요. 이런 지구적 감각은 불공정 무역으로 착취당하는 제3세계 아이들이 나와 멀지 않다고 느끼게 합니다.

그래서 환경보호에 동참하고 공정무역 소비를 지향합니다. 플로깅 동호회에서 쓰레기를 줍는 활동에 적극적으로 참여하기도 하고, 텀블러를 가지고 다니면서 일회용품 안 쓰기에 동참하기도 하죠. 그리고 이왕이면 수익의 일정 부분을 환경보호에 쓰는 파타고니아 같은 ESG기업의 제품을 사용합니다. 파타고니아는 페트병을 녹여 옷을 만들거나, 더 이상 입지 않는 옷을 재활용하는 것으로 유명합니다. 파타고니아 고객들은 자신이 입던 제품이 소각되거나 땅에 매립되어 환경을 오염시키지 않고 재활용된다는 데 안도감과 자부심을 느낍니다.

이러한 소비에의 동참은 파타고니아 옷을 입는 것만으로도 그 사람의 환경보호에 대한 가치 지향을 대외적으로 보여주는 효과가 있습니다. 무엇을 쓰느냐, 어떤 것을 소비하느냐로 자신의 취향뿐 아니라 가치 지향을 드러낼 수 있어요.

그래서 잘파세대를 대상으로 한 앞으로의 비즈니스에서는 물건의 마케팅도 중요하지만 브랜드 가치를 만드는 일이 더 중요할 수 있습니다. 상품이나 디자인 혹은 브랜드 자체에 가치를 보여줄 수 있는 의미를 덧입혀야 합니다. 비건 식품을 홍보할 때는 '몸에 좋다'가 아닌 '지구에 필요하다'라는 문구가 더 잘 통할 수 있다는 것이죠.

크리에이터 이코노미: AI로 더 활발해지는 콘텐츠 비즈니스

뜨는 것만큼 빠르게 지는 새로운 소셜네트워크

미국 동부시간 기준으로 2023년 7월 5일 오후 7시에 메타는 텍스트 기반의 단문형 소셜 미디어 플랫폼인 스레드Threads를 공식 론칭했습니다. 일론 머스크가 트위터를 인수한 뒤 트위터에 대한 의구심이 커지면서 메타의 마크 저커버그가 트위터를 대신할 만한 '10억 명 이상이 쓰는 공개 대화앱이 필요하다'[1]면서 만든 게 바로 스레드입니다.

스레드는 초창기에는 앱만 서비스했고, 유럽연합을 제외한 세계 100개 국에서만 이용할 수 있는 데도 불구하고 론칭 5일만에 가입자 1억 명을 달성하는 기염을 토했습니다. 그렇게 화제를 모

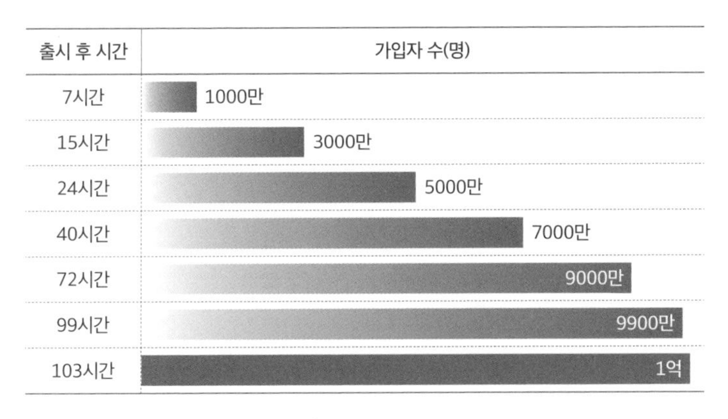

론칭 후 시간별 스레드 가입자 수 [2]

았던 Chat GPT도 1억 명을 모으는 데는 2달 정도가 걸렸는데 말이죠. 물론 스레드의 이러한 약진에는 사용자 수 20억 명에 이르는 인스타그램 아이디와 연동된다는 치팅키가 숨어 있긴 하지만, 그래도 이례적인 가입자 증가 속도입니다.

스레드의 이런 인기에는 어떤 이유가 있을까요? '사용하기 편해서', '재미있어서', '트위터를 대체하기 위해서'라는 후기나 만족감은 사실 잘 보이지 않거든요. 스레드의 인기는 '최근에 나온 세계적인 소셜네트워크니까'가 가장 근접한 정답인 것 같습니다.

문제는 스레드 이용자가 급격하게 이용을 그만두고 있다는 것이죠. 굳이 탈퇴하는 것은 아니지만 스레드 앱 방문이 현저히 줄었습니다. 공개한 지 한 달이 지난 후 스레드의 DAU(하루 활성 이용자 수)는 최고치 대비 79%나 줄어들었습니다. 2023년 8월 기준 사용자는 1,100만 명 정도에 머물러 있고요.[3] 이런 통계치를 찾아보지 않더라도 최근 들어 주변에 스레드를 이용하는 분을 찾아보기 어렵다는 체감으로도 충분히 스레드의 사용이 줄었다는 것을 알 수 있습니다.

인스타그램 팔로워 80만 명에 빛나는 대표적인 재계의 인플루언서 정용진 신세계 부회장은 누구보다 빠르게 스레드에 가입해서 게시물을 올렸었는데요, 한 달도 안 돼서 "스레드 재미없고 인스타랑 다를 게 없다"면서 "조만간 앱(애플리케이션) 지울 예정"[4] 이라는 게시물을 올리기도 했죠.

코로나 시국에는 오디오클럽이라는 음성 SNS가 순식간에 뜨는 듯하더니, 뜬 속도만큼 빠른 속도로 사그라들었습니다. 초창기에 한번 사람들이 몰리자 여러 인플루언서가 경쟁적으로 계정을 개설한 것도 스레드와 비슷한 양상을 보였습니다.

팔로워 모으기는 '사회적 인정욕구'가 아닌 '경제적 안정욕구'

왜 이런 현상이 생기는 것일까요? 소셜 미디어 초창기에는 팔로워를 얻기가 비교적 쉽다는 것을 대중들이 체감적으로 알고 있기 때문입니다. 그리고 흔히 '선빵을 날린다'고 하는데 먼저 선점한 채널이 뒤이어 만들어지는 비슷한 성격의 채널에 비하면 압도적으로 유리하다는 것도 알고요. 그러니까 빨리 들어가서 그 플랫

스레드 열차 게시물

폼의 채널이나 캐릭터를 선점하고 많은 팔로워를 확보해야겠다는 생각에 초반 러시 현상이 생기는 것이죠.

그래서 스레드 초창기에는 스레드 열차(쓰팔열차)라는 유행이 있어서, 해당 게시물에 좋아요를 누르거나 팔로워가 되면 그 계정에 찾아가서 맞팔로워가 되는 스레드 팔로워 품앗이가 엄청나게 유행했죠. 이런 유행을 보면 초창기 스레드 탑승자들의 목적이 팔로워 늘리기라는 것을 알 수 있습니다.

이들이 팔로워 늘리기에 혈안이 된 것은 팔로워가 곧 수익이라는 것을 알기 때문입니다. 팔로워는 경제활동과 직결됩니다. 유튜브처럼 광고 수익을 직접 나눠주지 않더라도 인플루언서가 자신의 채널에 사람들을 모으면 크고 작은 광고들이 들어오면서 직접 수익을 올릴 수도 있거든요. 광고가 안 들어와도 구독자들의 후원 혹은 공구(공동구매)나 굿즈 판매 등을 통해 수익을 올릴 수도 있고요.

구독자를 많이 가지고 있는 유튜버나 팔로워 수가 많은 인스타그램 인플루언서는 여러 가지 수익을 올릴 수 있는 길이 있습니다. 게다가 때로는 연예인처럼 방송 출연까지 하며 대중에게 인기를 끄는 경우도 있고요. 이런 모습을 보아 온 대중들, 특히 카메라 앞에 서거나 대중을 대상으로 말하는 것이 이전 세대에 비해서 자연스러운 잘파세대에게는 매우 매력적인 선택지가 아닐 수 없죠.

하지만 '팔로워 수를 많이 모아서 큰 수익을 올리려고' 혹은 '틱톡에 올린 영상에서 엄청난 조회수를 거두기 위해서'라는 명확한 목적하에 SNS 활동을 하는 것은 아닙니다. 어렵다는 것을 잘 아니까요. 그래도 '혹시나'하는 가능성은 어디에나 숨어 있습니다. 운이 좋아서 잘만 연결되면 경제적인 수익이 들어오는 여러 소득 파이프 라인을 구축하는 하나의 수단으로 쓰일 수도 있지 않을까 하는 옅은 희망인 거죠.

그런 면에서 보면 팔로워 모으기에 혈안이 된 사람들은 '사회적 인정욕구'보다는 '경제적 안정욕구'가 더 강한 겁니다. 사회적 인정이라는 관점에서 보면 채널의 콘텐츠나 크리에이터를 좋아하는 사람들이 구독을 누르고 팔로워가 되는 편이 더욱 큰 인정이니까 이런 식의 인위적 팔로워 늘리기는 오히려 안 할 거라는 거죠. 팔로워에 집착하는 것은 당장 팔로워가 광고나 공구, 계정 거래까지 가능해서 어떤 식으로든 돈이 된다는 것을 그동안의 경험을 통해 알기 때문이거든요.

그래서 이런 사람들은 돈이 안 된다 싶으면 가차 없이 떠납니다. 경제적인 활동에 대한 비전을 보여주지 않는 곳에 자신의 콘텐츠를 가져다 바칠 이유는 없으니까요. 네이버나 페이스북 같은 WEB2.0시대 초창기 플랫폼들은 유저의 콘텐츠에 돈을 지불하지 않고 그 콘텐츠들을 활용한 수익을 독점했습니다. 그런데 유튜브 같은 플랫폼이 생기면서 콘텐츠에서 발생한 광고 비용을 나누기 시작합니다. 전 세계적으로 수많은 유튜브 크리에이터가 생겨난 이유죠. 2017~2020년 사이에는 그야말로 유튜브 광풍이 불어서 직장인들은 모이기만 하면 유튜브 이야기를 했어요. 직장 밖 삶을 위한 대안이 된다면서 말이죠.

이제 네이버 블로그 같은 플랫폼을 열성적으로 이용하는 사람은 대부분 마케터이거나 자신의 상품을 팔아야 하는 사람입니다. 콘텐츠를 만드는 사람이라면 이왕이면 돈이 되는 곳에서 콘텐츠를 만들고 싶어 할 테니까 말이죠.

결국 활동하는 사람들에게 경제적 이윤을 창출해주지 못한 SNS나 플랫폼은 콘텐츠 공급자를 잃게 됩니다. 코로나 시절에 론칭된 오디오 SNS인 오디오클럽이 모임을 주최하는 클럽장들의 수익을 보전해 줄 뚜렷한 방법을 찾지 못하는 동안 클럽장들이 오디오클럽을 떠났듯이 말이죠. 모임이 주 콘텐츠였던 만큼 모임 주최자가 떠났다는 것은 콘텐츠 공급이 안 되기 시작했다는 거예요.

스레드 역시 구체적으로 어떻게 돈이 될지 비전을 보여주지 못하고 있다 보니 콘텐츠가 공급이 안 되고, 콘텐츠가 없으니 재미를 잃은 사람들이 떠나는 것이죠.

콘텐츠 비즈니스의 인기 이유

이런 현상을 뒤집어 보면 잘파세대에게 가장 인기 있는 직업이자 산업이 바로 콘텐츠 산업이라는 것을 알 수 있어요. 뜰 것 같은 SNS에서 빠르게 계정을 개설하고 구독자를 확보하려고 노력하는 것은 가능성을 확보하는 행위예요. 실제로 그 SNS가 뜨면 초창기에 자리 잡지 못한 계정은 엄청난 경쟁을 치러야 하거든요.

이렇게 팔로워를 확보한 잘파세대는 SNS나 플랫폼에 콘텐츠를 공급하든 프리랜서로서 자신의 콘텐츠를 직접 팔든, 콘텐츠 비즈니스를 하게 됩니다. 코딩 같은 프로그래밍 교육을 받으며 자란 경우가 많은 잘파세대는 직접 콘텐츠를 만들어 공유하는 것에도 능숙하거든요. 잘파세대는 공산품을 사고파는 것보다 콘텐츠를 사고파는 데 더 익숙합니다. 어려서부터 이모티콘에 돈을 지불하고 OTT를 구독하고 게임하는 데 현질을 했기 때문에 콘텐츠에 돈을 낸 경험이 풍부하거든요.

불법 공유를 일삼고 그런 일이 비일비재했던 전 세대에 비해 정당한 콘텐츠에는 그에 합당한 비용을 지불해야 한다는 것을 알기 때문에 콘텐츠 창작을 장래성 있는 비즈니스로 대할 수 있는 것이죠.

그리고 콘텐츠 비즈니스는 보통 초반에는 콘텐츠에 큰 비용이 들어가지 않고 오로지 기술과 적응력, 아이디어, 스피드가 필요합니다. 나이 제한도 없죠. 로블록스 같은 메타버스 플랫폼에서 게임을 만들고 이용료를 받아서 돈을 버는 크리에이터의 80%가 10대입니다.[5] 영상 촬영에 시간과 품이 들어가는 유튜브와 달리 로블록스는 로블록스 측에서 제공하는 로블록스 스튜디오에서 게임을 만들 수 있어서 이 스튜디오의 사용법만 익히면 됩니다. 따로 창업 비용이 들지 않아요. 그런데 로블록스는 글로벌 플랫폼이기 때문에 한 번 인기를 얻으면 꽤 많은 수익을 얻을 수도 있어요. 대학을 막 졸업한 한국 청년 3명이 개발한 로블록스 게임 〈마이 드래곤 타이쿤〉은 처음 론칭 후에 월 이용자 수 200만 명, 3개월 누적 매출 2억 5천만 원이라는 성과를 내기도 했습니다.

〈마이 드래곤 타이쿤〉을 만든 청년들은 "로블록스는 누구나 게임을 만들고 돈 버는 세상을 만든다"면서 "우리를 포함한 청년들에게 분명 새 기회의 땅이 될 것"이라고 인터뷰에서 밝혔습니다.[6]

로블록스뿐 아니라 새롭게 론칭을 준비 중인 플랫폼들은 기본적으로 크리에이터 경제를 택하고 있습니다. 그럴 수밖에 없는 것이 세계적으로 다양한 사람들을 플랫폼에 끌어들여야 하는데, 그

메타버스 게임 플랫폼 로블록스의 <마이 드래곤 타이쿤>

많은 사람들을 위한 콘텐츠를 중앙 개발사가 모두 공급할 수는 없기 때문입니다. 그렇다고 네이버 지식인처럼 별다른 보상 없이 그저 인정욕구 때문에 많은 유저들이 참여해 플랫폼을 위한 콘텐츠를 생성해주던 시절은 이제 끝났죠. 그러니 정당하게 광고나 디지털 자산 판매, 사용료 수익을 나누는 식으로 크리에이터가 노력과 아이디어를 들인 만큼 수익을 낼 수 있는 구조를 갖추지 못한 플랫폼은 지속이 어려워집니다.

크리에이터 경제의 구현

많은 플랫폼이 C2ECreate to Earn를 표방하고 나섰습니다. 창작자 경제라고 할 수 있는데요, 콘텐츠를 창작하고 그것을 판매하거나 공급함으로써 돈을 버는 거죠. 예를 들어 기존 게임 사업의 한계를 극복하고자 하는 한국의 대표 게임사 넥슨과 엔씨소프트는 메타버스로 플랫폼 확장에 나서면서 크리에이터 경제를 표방했습니다. 넥슨은 콘텐츠 제작·놀이 메타버스 플랫폼인 메이플스토리 월드를 시범 운영하고 있어요. 메이플스토리 지식재산권IP을 이용해 본인만의 콘텐츠를 제작하고 공유하는 플랫폼인데 자신의 콘텐츠를 제작해서 수익을 올릴 수 있어요. 엔씨소프트는 이용자 창작 메타버스 플랫폼 '미니버스Miniverse'를 개발했습니다. 이 역시 자신이 만든 콘텐츠를 활용해 수익을 창출할 수 있습니다.[7]

이런 메타버스 플랫폼들은 대부분 디지털 자산을 만드는 도구를 같이 주면서 창작자가 플랫폼 내에서 사용하는 옷이나 자산을 만들어 판매할 수 있게 합니다. 심지어 게임이나 플레이스를 만들어서 입장료를 받게 하기도 하죠. 이게 얼핏 들으면 어렵게 느껴지지만 어려서부터 디지털 환경에 익숙하고 코딩을 배운 사람도 많은 잘파세대에게는 그저 높은 허들이 아닙니다.

이렇게 메타버스까지 안 가도 현재의 플랫폼들에서도 크리에이터 경제는 구현됩니다. 글로벌로 뻗어나가고 있는 네이버 웹툰도 따지고 보면 크리에이터 경제입니다. 네이버 웹툰은 도전만화가 같은 코너를 통해 1인 창작자가 만화계에 등단할 수 있는 길을 마련했는데, 그 전의 도제식 데뷔 시스템에 비하면 만화 작가 등단 시스템을 획기적으로 개선한 것이죠. 웹툰을 드라마화한 〈쌉니다 천리마마트〉의 원작자 김규삼 작가는 웹툰 주제의 토크콘서트에서 "네이버 웹툰이 대중화에 성공할 수 있었던 이유는 작가들이 하고 싶은 대로 할 수 있게 내버려 두었기 때문이다"[8]라고 말했는데요, 그만큼 1인 창작자들의 능력과 가능성을 끌어낼 수 있었던 플랫폼이고 시스템이었다는 뜻이기도 합니다.

네이버는 틱톡이나 릴스에 확연하게 밀리는 숏폼에서 경쟁력을 확보하기 위해 총 지원금 10억을 걸고 제작자 공모에 나서기도 했습니다. 순간적으로 13,000명 정도가 몰려들었다고 하는데요.[9] 그런데 이런 일시적인 지원금은 크리에이터 경제라고 할 수 없어요. 다만 영상 조회에 대한 돈이 지급되는데 그 선에 도달하기까지 버틸 자금을 준다는 면에서 보면 바람직한 것뿐이죠. 하지만 그동안 네이버가 콘텐츠를 공급하는 유저들과 수익을 나누는 데 서툴렀고 시도도 별다른 게 없었다는 측면에서 보면 이 정도의 지원금은 네이버가 창작자 경제를 활성화시키기 위해 꽤 큰마음을 먹었음을 보여주는 거예요.

크리에이터들과 수익을 나누는 데 서툴렀던 것은 카카오도 마찬가지였습니다. 하지만 크리에이터들과 같이 콘텐츠를 만들지 않으면 결국 도태될 수도 있다는 위기감에 2023년 6월 카카오 유니버스라는 비전을 발표합니다. 이 비전에서 B2C2C 생태계를 구축해서 카카오 유니버스를 활성화한다는 계획이 눈에 띕니다. B2C2C는 이용자 간의 경제활동이 일어나는 생태계를 말해요. 그러니까 크리에이터 경제라는 말을 어렵게 쓴 거죠.

이용자가 제작한 콘텐츠로 경제활동을 할 수 있도록 서비스 전반에 수익 모델을 강화합니다. 예를 들어 오픈채팅방 방장은 구독 모델을 적용해 정보 제공에 대한 수익을 창출하고, 브런치에 글을 쓰는 창작자는 콘텐츠로 수익을 얻을 수 있게 되는 거예요. 콘텐츠 플랫폼을 제공해서 다양한 포맷의 콘텐츠를 편하게 서비스할 수 있게 하고, 이 콘텐츠를 활용해 팬이나 구독자를 만들고, 결국에는 광고, 서비스 유료화, 후원, 커머스의 비즈니스 도구를 활용해 수익화도 가능하게 되는 겁니다.[10]

컬러버스라는 메타버스 플랫폼에서 이용자들은 아이템, 아바타, 랜드와 같은 컬러버스 내 콘텐츠를 마켓플레이스를 통해 직접 제작하고 판매할 수도 있게 되는데, 이렇게 이용자의 창작 욕구를 일으켜 컬러버스 내 활발한 경제 순환으로 이어지게 하는 것도 카카오 유니버스의 비전 중 하나입니다.

한 방을 꿈꿀 수 있는 콘텐츠 비즈니스

메타버스가 지금 오고 있어요. 가상화폐 이슈 때문에 메타버스에 대한 관심이 꺼졌다고 생각하지만 2023년 CES에서 처음으로 메타버스 파트가 생기고 애플이 비전프로를 발표하는 것을 보면 메타버스의 발전은 꾸준히 진행되고 있습니다. 그리고 우리나라 게임사들을 비롯해 많은 IT업체들이 메타버스 플랫폼을 개발 중인데, 그 일정상 2024~2025년에 대중 공개를 계획하는 플랫폼이 많습니다. 그러니까 잘파세대가 콘텐츠를 제작하면서 활약할 수 있는 플랫폼은 앞으로 계속 생기고 그 플랫폼들이 경쟁 체제로 가면서 결국에는 보다 많은 수익을 보장하는 쪽으로 플랫폼 쏠림 현상이 일어날 거라는 거죠.

메타버스가 아닌 보통의 디지털 플랫폼들에서도 이런 경쟁은 일어납니다. 유저들이 시간을 투자하는데 수익이 없다면 점점 그 플랫폼을 떠날 것이고, 같은 시간과 노력을 투자했는데 수익까지 나는 곳이 있으면 그곳으로 몰릴 것이기 때문입니다. 그래서 메타 같은 경우는 인스타그램이나 페이스북에서 창작자 보상 프로그램을 운영하고 있죠.

잘파세대가 돈을 벌 필드가 많아지고 있다는 뜻입니다. 콘텐츠로 돈을 벌 기회는 점점 많아지고(유튜브만이 아닌 거죠) 다양한 콘텐츠와 다양한 라인으로 수익화할 수 있는 가능성이 늘어나면서 콘텐츠 크리에이터는 잘파세대에게 유망 직업이자 선망의 직업이 되고 있습니다. 이미 영상 크리에이터라고 할 수 있는 유튜버는 초등학생들이 가장 하고 싶은 직업이거든요.

다만 콘텐츠 창작은 월급을 받는 것처럼 안정적인 수입원은 아닙니다. 그래도 잘파세대는 부모님과 같이 살거나 긱Gig 일자리,

아르바이트를 하면서 버틸 수 있어요. 오히려 직장을 다니는 것보다 아르바이트 형태의 근무여야 콘텐츠를 창작할 시간을 확보할 수 있으니 이런 근무조건을 더 선호하기도 합니다. 돈을 많이 주고 안정성을 확보해주는 일보다 개인의 시간을 보장해 주는 일을 선호하게 되는 거죠.

최근 안정 고용의 상징인 공무원 시험의 인기가 눈에 띄게 하락했어요. 2017년에는 9급 공무원 지원 인원이 22만 8,368명으로 사상 최고였거든요. 그런데 2023년의 9급 공무원 지원자는 12만 1,526명으로 거의 반토막이 났습니다. 정년 보장에 비교적 쉬운 업무강도, 무엇보다 안정적인 고용환경 등으로 인기가 있던 공무원이라는 직업이 최저임금과 다를 바 없는 낮은 임금이 부각되고 연금 체계의 개편으로 퇴직 후 연금에서의 매력도도 감소하면서 선호도가 빠르게 식은 겁니다. 한 TV 뉴스 인터뷰에서는 '2~3년 정도 공부해서 공무원이 된 사람이 공부한 시간보다 더 짧게 근무하고 그만둔 이유'로 낮은 임금을 꼽았는데요, 야근으로 초과근무를 10시간 이상 한 경우에도 실수령액이 190~200만 원 정도 밖에 안 된다는 겁니다.[11] 공무원을 그만두고 나가는 청년들에게 그 이유를 물었는데 72%가 낮은 임금 때문이라고 답하기도 했어요.

콘텐츠 비즈니스를 한다고 해서 돈을 꼭 많이 버는 것은 아니지만, 적어도 자신이 하고 싶은 일에 근접한 일을 할 수 있다는 만족감은 있을 수 있습니다. 그리고 보통은 직장인보다 돈을 못 벌지도 모르지만, 한 번 바람을 타고 우연찮게 터지면 한 달에 직장인 연봉을 벌 수도 있는 것이 또 콘텐츠 비즈니스의 세계거든요.(연예인의 세계와 비슷하죠.) 잘파세대에게는 안정적이지만 낮은 임금의 공무원보다는 평소에는 수입이 적더라도 한 방이라는 가능성이 있는 콘텐츠 비즈니스가 더 매력적인 거예요.

죽음보다 어두운 미래, 사망 사진 챌린지

콘텐츠 비즈니스에 유입되는 잘파세대가 늘어나는 이유는, 콘텐츠 비즈니스에 한 방이라는 가능성이 있다는 긍정적인 바람이 있기 때문이기도 하지만, 일자리가 없다는 부정적인 현실 때문이기도 합니다. 생성형AI의 적용으로 인한 자동화, 코로나 이후의 경기침체, 일자리의 미스매칭 등 여러 가지 이유로 회사에서 청년들을 덜 뽑고 있어요.

한국에서는 NEETNot in Education, Employment or Training족이 늘었습니다. NEET는 일하지 않고 일할 의지도 없는 청년 무직자를 뜻하는 말인데요, 통계청이 2023년 8월에 발표한 자료에 따르면 최종 학교 졸업자 452만 1,000명 가운데 126만 1,000명이 미취업 상태였습니다. 이 126만 명의 미취업자 가운데 취업 준비나 구직 활동을 하지 않고 '그냥 논다'라고 답한 사람이 25.4%였는데요, 그러니까 4명 중 1명꼴로 NEET족인 셈입니다.[12] 중국에는 탕핑躺平족이 있어요. 탕핑은 평평한 곳에 드러누운 사람이라는 뜻으

중국 대학 졸업생의 사망 사진 챌린지[13]

로, 소비도 생산도 아무것도 안 하고 그저 누워있겠다는 거거든요. 대부분의 시간을 집에서 누워서 보냅니다.

중국에서는 최근 사망 사진 챌린지가 유행하기도 했습니다. 졸업가운을 입고 죽은 듯한 모습으로 사진을 찍어 SNS에 올리는 겁니다. 중국은 코로나 시국에 제로 코로나 정책을 펼쳐서 기업에서 채용을 대폭 줄였거든요. 그러다 보니 제로 일자리가 된 거예요. 일자리가 없어서 청년들 5명 중 1명은 실업 상태입니다. 그런 상황에서 졸업을 하게 되었으니, 학생들에게 졸업은 곧 죽음이나 마찬가지라는 것을 자조적으로 풍자한 SNS놀이가 사망 사진 챌린지예요.

그런데 중국 건설 현장은 만성적인 인력난에 시달리고 있습니다. 결국 청년들이 취업할 곳이 없는 이유는 IT기업이나 회계, 법률 등 최고급 서비스 직종에 취직하기를 바라기 때문이어서 이들이 요구하는 일자리 수요를 맞출 수가 없습니다. 탕핑에 동조하는 사람들도 아예 취업을 못 해서가 아니라 노동과 대가가 비례하지 않기 때문에 996근무(오전 9시부터 오후 9시까지 주 6일 근무)를 해봤자 집은 못 사고 착취만 당한다는 인식에서 비롯된 것입니다.

NEET족이나 탕핑족과 유사하게 일본에는 사토리 세대가 있는데요, 이들 청년층에게 콘텐츠 비즈니스의 가능성과 접근성은 매우 매력적일 수밖에 없어요. 낮에는 배달을 하고 밤에는 자신의 유튜브 방송을 하며 콘텐츠를 쌓아가는 사람들을 지금도 종종 보거든요. 그런데 조금 더 콘텐츠의 종류가 다양해져서 영상뿐 아니라 디지털 자산, 다양한 텍스트, 메타버스 플레이스, 아바타 옷 디자인, 이모티콘 창작 등으로까지 확장된다면 보다 활발하게 크리에이터 경제에 참여할 잘파세대가 정말 많을 겁니다.

생성형AI로 가속화되는 콘텐츠 비즈니스의 경쟁력 경주

2023년은 생성형AI, 그중에서도 Chat GPT의 해였습니다. Chat GPT는 거대언어모델Large Language Model을 기반으로 텍스트를 생성해주는 언어 생성형AI입니다. 질문에 답하고 행정 서류나 논문, 영화 시나리오, 소설 등을 써줄 수 있죠. 이런 언어 생성형AI 말고도, 많은 생성형AI가 있습니다. DALL2나 미드저니 같은 프로그램들은 그림 생성형AI입니다. 그리고 음악을 생성해주는 생성형AI도 있어요. 심지어 Gen2 같은 모델은 Text to Video라고 해서 텍스트로 쓰기만 하면 그 내용에 맞춰 영상이 생성되기도 합니다. 그야말로 마법 같은 일들이 펼쳐지고 있어요. 〈어벤져스: 엔드게임〉을 만든 조 루소 감독은 몇몇 AI 회사의 이사회에 속해있는데 영화 전문 매체와의 인터뷰에서 "앞으로 2년 안에 완전한 AI 영화가 개봉될 것"라고 예측한 바 있습니다.[14]

콘텐츠를 만들 때 이 생성형AI의 기능은 눈부신 활약을 보일 것입니다. 예를 들어 2023년 6월 언리얼에서 발표한 메타휴먼 애니메이터라는 툴을 쓰면, 아이폰만으로도 유저를 본딴 영화 수준의 AI휴먼을 만들 수가 있어요. 그것도 단 몇 분 만에 말이죠.

그리고 Chat GPT는 게임이나 메타버스의 AI휴먼에게 인격을 부여해 주기도 합니다. 게임에서 정해진 대사만 하는 플레이어가 아니라, 그냥 게임에 등장하는 캐릭터를 NPC라고 합니다. Non Player Character의 약자인데요, 무기를 파는 상점주인, 지나가다 도움을 청하는 행인 같은 사람들이죠. 여기에 LLM을 적용해서 플레이어와 대화하게 하고 상호작용을 하게 하면 그야말로 예측불허의 스토리가 전개됩니다. 어떻게 말을 걸고 어떻게 대답하느냐에 따라 NPC가 하는 대사와 부여하는 미션이 달라지거든요. 이

엔비디아에서 발표한 <카이로스> 데모 영상 속 생성형AI 가 적용된 NPC의 모습

렇게 자의식을 가진 것처럼 보이는 캐릭터를 메타버스에 적용하면 메타버스는 무척 흥미로워집니다.

메타버스에서 나의 옆집에 사는 아바타는 분명히 사람이 아닌 NPC인데요, 나와 교감을 하고 어제 다친 데는 다 나았는지를 물어보고 매일 다른 자신의 근황을 전해요. 어차피 아바타로 만나서 현실에서 만남을 가지지 않는다는 전제가 있는 곳이 메타버스여서, 이렇게 되면 그냥 사람과 교류하는 것이나 다를 바가 없거든요. 메타버스는 더 매력적인 곳이 될 수 있습니다. 그야말로 또 다른 세상인 것이니까요.

생성형AI는 디지털 세상, 메타버스나 SNS 세상을 풍요롭게 만들 수 있습니다. 생성형AI로 콘텐츠 창작자들은 보다 정밀하고 퀄리티 높은 콘텐츠를 매우 빠르게 만들어 낼 수 있어요. 혼자서 영화를 만들 수도 있고, 이렇게 만든 영화의 OST나 홍보용 포스터까지 모두 혼자 작업할 수 있습니다.

잘파세대는 생성형AI와 함께 제공되는 툴을 비교적 쉽게 익히고, 생성형AI를 활용해 콘텐츠를 만드는 데 빠른 적응력을 보일 것입니다. 생성형AI를 활용한 여러 콘텐츠와 그에 따른 비즈니스 양상을 주도해 나갈 주체는 잘파세대인 거죠.

생성형AI를 활용한 콘텐츠들은 어느 정도 상향평준화된 퀄리티를 보일거거든요. 그러니 콘텐츠 비즈니스에서 승자의 편에 서기 위한 전략은 수많은 공급자 가운데 어떻게 눈에 띌 것인가가 핵심입니다. 독특한 아이디어나 효과적인 홍보 프로세스, 영향력 있는 인맥, 아니면 운. 이 중에 하나는 있어야 그래도 콘텐츠 비즈니스에서 경쟁력을 가질 수 있습니다. 대신 콘텐츠 비즈니스는 글로벌 플랫폼을 전제로 하기 때문에 디지털이라는 특성상 한번 바람을 타면 순식간에 전 세계적인 수요를 얻을 수 있어서 마치 로또 복권 같은 모습이 될 수도 있습니다.

포브스는 2022년의 크리에이터 이코노미 시장 규모가 1,000억 달러(약 131조 원)를 넘어설 것으로 분석했습니다.[15] "프로슈머(창작+소비) 활동에 적극적인 잘파세대로 인해 크리에이터 이코노미는 지속 활성화될 것"[16]이라고 업계관계자들은 예측하고 있어서 여러 상황과 맞물려 크리에이터 경제는 잘파세대의 가장 유망하고 거대한 산업이 될 것입니다.

PART

잘파세대를 맞이하는 조직문화의 미래

개인>조직: 더 이상 존재하지 않는 개인과 조직의 갈등

안티 워크와 대퇴사의 시대

코로나 시국에 미국에서는 스타벅스든 서브웨이 샌드위치든 어떤 가게나 가게 앞에 'Now Hiring'이라는 전단이 붙어 있었습니다. 음식점이나 카페뿐 아니라 수많은 회사가 일자리에 지원하는 사람이 없어서 구인하느라고 힘들기도 했죠. 정부지원금이 일해서 버는 것 못지않다 보니 차라리 일은 안 하고 정부지원금을 받겠다는 사람이 많았어요. '열심히 일하고 병에 걸리면 무슨 소용인가?'하는 허무함도 한몫했고요.

그래서인지 안티 워크 운동이라는 것도 나타났습니다. 미국 인터넷 커뮤니티인 레딧의 소모임으로 시작한 안티 워크는 사회적

이슈가 될 정도로 급격하게 그 세력을 키웠습니다. 2020년 10월 18만 명 정도가 이 소모임에 있었는데, 3개월 만인 2021년 1월에는 160만 명 정도로 순식간에 10배 가까이 늘었거든요.[1] 이 안티 워크 이용자들은 자신을 게으름뱅이라고 부르며, 일에 매몰되지 말고 자신을 위한 시간을 가져야 한다고 주장합니다. 생활비는 단기 아르바이트나 돈을 아껴 충당하고, 일보다는 자기 시간을 가지자는 것이죠.

이런 운동까지 일어날 정도니, 사회적으로 퇴사자가 많아질 수밖에 없죠. 그런데 코로나19 백신 출시를 계기로 경제활동이 재개되면서 퇴사자의 빈자리가 더욱 크게 느껴지게 되었어요. 결국 그 빈 자리에 다른 사람을 구할 수가 없어서 미국에서는 유례없는 구인난이 벌어졌습니다. 노동 공급이 수요를 크게 밑돌자 기업들은 수십 년 만에 가장 빠른 속도로 임금을 올리며 노동자들을 유인했고, 양질의 일자리가 넘쳐나기 시작하면서 더 나은 직장을 찾

안티 워크를 상징하는 로고[2]

아 떠나는 노동자들이 또 급속하게 늘어납니다. 그래서 기존 직장에 사직서를 던지는 사람들이 눈에 띄게 늘었습니다. 이 현상을 '대퇴사의 시대'라고 부릅니다. 그런데 이제는 근로 여건이 개선되면서 어느 정도 대퇴사의 시대가 끝났다는 관측이 나오는 한편, 여전히 대퇴사의 시대가 진행 중이라는 반론도 있습니다. 서양 쪽에서는 아직 구인이 어렵지만 그래도 일자리의 수요와 공급이 어느 정도 안정세에 접어들었다는 이야기를 하는데[3], 한국에서는 여전히 퇴사자가 많다고 하죠.

취업 플랫폼 사람인의 HR연구소가 374개 기업을 대상으로 '2023 상반기 퇴사 현황'을 조사한 결과, 대퇴사 열풍이 있던 2022년의 퇴사율과 비슷하다는 답변이 46.1%였고 늘었다는 대답은 27.1%였습니다. 그러니까 73.2%가 더 퇴사하면 했지 덜하

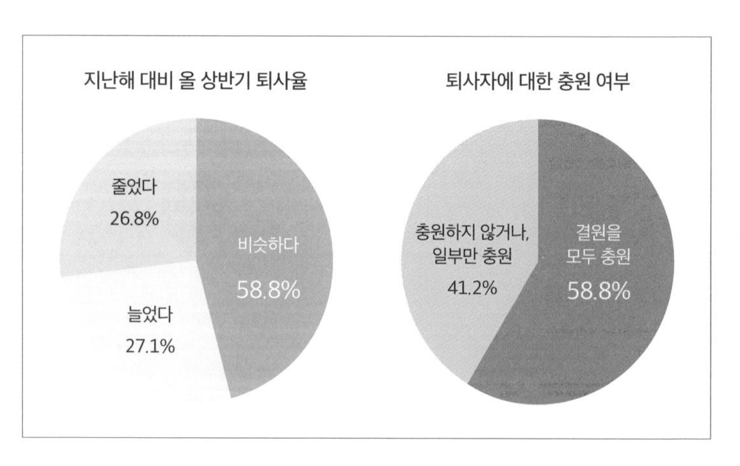

사람인이 조사한 2023 상반기 퇴사 현황 자료 [4]

지는 않다고 답한 거예요. 이들이 퇴사 이유로 가장 많이 뽑은 것은 다른 직장으로 이직이 57.6%였고 연봉에 대한 불만이 24.8%였어요.

반면 퇴사한 인원을 잘 충원했는지 물어보니 충원하지 못했거나 일부만 충원했다는 대답이 41.2%였습니다. 이렇게 되면 남아 있는 인원에 업무가 가중되어 이들 역시 결국에는 퇴사를 선택하는 확률이 늘어나게 되겠죠.

월급에 포함된 건 '회사 일'만? '회사 생활'까지?

퇴사하지 않고 회사에 남아 있는 사람들도 그냥 멀쩡히 남아 있는 것은 아닙니다. 조용한 퇴사Quiet Quitting라는 말이 있는데요, 실제 퇴사를 한 것은 아니지만 직장에서는 마치 퇴사한 것 같은 상태로 시간을 보내는 겁니다. 최소한의 일만 하면서 회사를 다닌다는 뜻으로 당연히 승진에 대한 욕심이나 일을 더 잘하려는 마음도 없죠. 그러니 야근이나 회식을 해야 하나 말아야 하나 갈등하지도 않습니다. 자기의 시간과 사생활을 철저하게 지켜가며 흠잡혀서 쫓겨나지 않을 정도만 회사 생활을 하는 거죠.

국내에서도 이에 공감하는 잘파세대가 많습니다. 구직전문 포털 알바천국이 1,448명을 대상으로 조사한 결과에 따르면 79.7%, 그러니까 10명 중 8명의 청년이 조용한 퇴사를 지향하고 있습니다.[5] 월급 받은 만큼만 일하면 된다는 것이 잘파세대의 생각인데, 회사 입장에서도 아마 월급 주는 만큼 일을 시킨다고 생각할 겁니다. 문제는 월급만큼이 어느 정도인지 회사와 사원의 기준이 다르다는 거겠죠. 보통 사측이나 잘파세대 이전 직장인들은 월급 안에 '회사 생활'이 들어 있다고 생각하고, 잘파세대는 월급 안에 '회사 일'만 들어 있다고 생각해서 갈등이 일어납니다.

회사, 쉽게 옮기고 쉽게 나가요

이런 조직문화의 흐름을 지켜보고 있으면 한 가지 느껴지는 공통점이 있어요. 잘파세대에게는 회사와 자기 생활에 대한 고민이 이항대립적이지 않다는 것입니다. 자신의 거취를 결정하는데 그냥 퇴사를 하든 조용한 퇴사를 하든, 회사에 대한 책임감이나 조직에서의 파장 같은 일로 고민하지는 않는다는 거죠.

잘파세대는 퇴사나 이직을 고려할 때 철저하게 자신의 현재나 미래에 유리한가 불리한가만 따집니다. 이런 기준이 당연한 듯 보이지만, 당연하지 않던 시절도 있었거든요. 동료에 대한 미안함, 책임감 같은 것도 있었고 무엇보다 처음 들어간 회사에서 3년도 안 되서 이직하면 끈기 없어 보이고 회사에 대한 충성심이 없는 사람으로 찍혀 커리어에 문제가 생긴다며 이직을 안 하던 시절도 있었습니다.

경영의 신이라고 불리는 이나모리 가즈오는 다양한 저서에서 자신이 교세라를 창립한 시절을 회상하는데요, 신입으로 입사한 중소기업이 망해가고 있어 모두 회사를 탈출하는 분위기였다고 합니다. 6개월이 지나자 동기 중에 남은 사람은 자신을 포함해 2명뿐이었다고 하죠. 일단 첫 달부터 월급을 제대로 받지 못했다고 하니까요. 그래서 다른 한 명과 함께 자기도 사관학교 같은 곳에 원서를 넣고 합격 통보를 받아서 탈출하려고 했지만 등록에 필요한 서류를 본가에서 보내주지 않아 기회를 놓쳤고, 다른 한 명만 탈출에 성공했다고 합니다. 그래서 어쩔 수 없이 동기 중에 혼자 남게 된 이나모리 가즈오는 이왕 이렇게 된 거 이 기업에서 승부를 보자라는 생각으로 회사에서 숙식을 하며 일에 몰두하다가, 결국에는 대기업의 회장까지 되었다는 얘기를 해요.

그런데 본가에서 서류를 보내지 않은 이유를 나중에 알게 되는데, 아무리 회사가 월급도 제대로 못 준다지만 들어간 지 6개월밖에 안 된 회사를 그만두면 대외적으로 끈기 없는 놈밖에 안 되니 일부러 안 보내준 거라는 겁니다. 이나모리 가즈오라니…… 이미 노환으로 돌아가신 분의 젊은 시절이라니, 너무 먼 이야기가 아닌가 생각할 수도 있어요. 하지만 우리나라도 얼마 전까지 이런 분위기가 분명히 있었어요. 10여 년 전만 해도 취준생들이 면접 준비를 할 때 하던 고민이 회사를 6~12개월 정도 다니다 그만두고 다른 회사에 신입으로 들어가려 할 때, 면접에서 '전에 회사 다녔던 것을 이야기해야 하나 말아야 하나?' 하는 것이었습니다.

그때는 컨설턴트들도 일단 6개월 이하는 '이야기하지 않는 게 좋다'(끈기가 없어서 이번 직장에서도 금방 나갈 사람으로 보이니까), 그래도 6개월 이상 직장을 다녔다면 '기술이나 경험이 중요한 직무일 경우에만 이야기해보는 것이 좋다'고 말했어요. 하지만 국가직무능력표준NCS이 도입되고 블라인드 채용이 시행되면서, 한국의 취업 분위기가 직무능력 위주로 바뀌었습니다. 공기업의 경우 학력이나 토익점수를 아예 서류에 쓸 수조차 없게 되었어요. 그러면서 직무능력과 직무경험에 대한 관심과 중요성이 높아졌죠.

그리고 무엇보다 1년 안에 첫 직장을 그만두는 사람이 굉장히 늘었습니다. 2023년 3월 기준 리멤버와 한국능률협회컨설팅이 상장기업 3년 차 이내 신입사원 1,000명을 대상으로 실시한 설문조사 결과에 따르면, '이직 또는 퇴사를 고려해 봤다'고 답한 응답자가 무려 83%를 차지합니다.[6] 어렵게 취업하고도 신입사원 대다수는 이직이나 퇴사를 진지하게 고민하고 있다는 얘기거든요.

이직자, 퇴사자가 많아지면서 이제는 1년 안에 이직하는 사람들이 흔하게 보입니다. 그만큼 기업의 면접에도 많이 들어오죠. 그래서 1년 안에 이직하는 것이 특이한 행보가 아니게 된 거예요. 상황이 이렇다 보니 이제는 취업 컨설턴트들은 다만 몇 개월이라도 회사 생활을 했으면, 그에 대해서 적극적으로 이야기하라고 가이드 합니다. 조금이라도 회사생활 경험이 있다는 것이 '조금'이기 때문에 불리하기보다는 '경험이 있기' 때문에 유리하다고 판단하는 거죠.

가족 같은 회사가 어디 있나요?

그런데 취업계의 이러한 변화에서 또 한 가지 느껴지는 게 있어요. 회사도 신입직원에게 충성심을 기대하지 않는다는 것입니다. 공채를 통해 끝까지 회사에 충성할 인재를 등용한다는 평생직장의 개념을 구직자나 구인자나 모두 이제는 가지지 않는 것입니다.

잘파세대에게는 개인과 조직의 갈등 상황에서 조직이 갈등의 한 축으로 등장할 수 없을 정도로 개인의 존재감이 큽니다. 갈등할 바에는 바로 퇴사하면 되니까요. 잘파세대가 과감하게 직장을 그만두는 데 대해 '집이 잘사나?' 하고 생각하는 팀장님들도 있는데요, 꼭 그래서는 아니에요. 물론 최후의 수단으로는 집에 기대는 방법도 있습니다. 하지만 일단 잘파세대는 자중감, 즉 자신에 대한 믿음이 있고요, 그리고 긱Gig 일자리를 쉽게 구할 수 있는 디지털 기술의 혜택을 받고 있어요. 긱 일자리에 쉽게 접근할 수 있는 기술적 매칭 시스템이 갖춰져 있거든요. 배달 알바나 쿠팡 상·하차 알바 같은 경우는 자신의 사정에 맞춰 원하는 시간에 원하는 만큼만 일을 할 수 있습니다. 시간을 자신의 스케줄에 맞춰 컨트롤할 수 있는 겁니다.

그렇게 확보한 시간에 콘텐츠를 만든다든가 해서 새로운 형태의 도전에 나서게 되는 거죠. 물론 이직에 대해서 열린사회가 되니 예전에 비해 이직하기가 수월해진 것도 있습니다.(배신자라며 이직자를 안 받던 시대가 그렇게 오래된 것은 아니거든요.)

이제 구성원도 그렇지만 조직도 회사가 운명 공동체라는 개념은 거의 없습니다. 회사의 운명이 불안하면 개인은 그 공동체에서 이탈하면 되니까요. 회사의 불안한 운명과 같이 할 필요가 없거든요. 회사의 운명이 밝아도 기회가 되면 더 전망이 밝은 회사로 이직할 수도 있고요.

예전에 일본과 한국 회사에는 '회사가 잘 되는 것이 곧 내가 잘 되는 길이고, 가족도 회사라는 울타리가 보호해 준다'는 특수한 공동체 개념이 있었어요. 하지만 여러 번 경제위기를 거치면서 이제 그런 공동체 개념은 산산이 부서졌습니다. 물론 사장님이나 임원급에서는 여전히 예전의 회사 개념이 남아 있어서 갈등을 일으키기도 합니다만, 실무를 담당하는 팀장급에서는 이제 이런 생각을 가진 사람은 찾아보기 어렵습니다. 이제는 사원들을 조직의 정체성에 동화시키기 힘들어진 거죠. '우리 회사'를 자랑하는 신입사원은 더 이상 없습니다.

어떻게 생각하면 옛날 세대는 회사에서 30년 근무하는 것을 목표로 했기 때문에 회사를 가족보다 더 중요한 자신의 공동체라고 생각했고 유사 가족으로 대하는 문화가 있었는데, 지금처럼 한 회사에서 3년 근무하면 오래 근무한다고 생각하는 상황에서 이런 문화는 오히려 부담스러울 수밖에 없습니다. 이제 회사는 소속감이라는 측면에서 가족이나 공동체보다는 동아리나 클럽 같은 느낌이 더 강합니다. 정 마음에 안 들면 탈퇴하면 그만인, 어느 정도 선을 그을 수 있는 커뮤니티 말이죠.

그런 면에서 보면 삼성전자의 신입사원 웰컴 키트를 당근마켓에 파는 잘파세대는 합리적인 사람인 거예요. 비슷한 물건이 있어서 새로 받아도 사용할 일이 별로 없는데, 삼성이라는 로고가 박혀 있다고 굳이 가지고 있는 것은 실용적인 판단이 아니죠. 삼성 로고가 박힌 볼펜이라고 더 잘 써지는 것도 아니고, 무엇보다 3년 후에는 구글에 가 있을 수도 있는 거잖아요. 물론 이런 생각을 하며 당근 거래를 한 것은 아니겠지만, 그만큼 잘파세대에게는 삼성이라는 조직이 공동체로서 주는 소속감이 희미해졌다는 뜻입니다.

상황이 이렇다 보니 운명 공동체로서 '가족 같은 회사'일 때 만들어진 여러 가지 전통이 이어지기가 어려워져요. 회식이나 워크숍은 '으쌰으쌰'하면서 동료들과 뭉치기 위한 자리잖아요. 수고했다고 노고를 치하하는 자리이기도 하고요. 하지만 운명 공동체로서 엮일 생각이 없는 잘파세대에게 회식은 하기 싫을 뿐 아니라 안 해도 되는 회사 일의 연장입니다. 회사가 잘파세대에게 감사의 마음을 표하고 싶다면 회식이 아니라 돈으로 표현하는 것이 좋습니다.

변화는 위에서부터

이제 술자리를 통해 직원 관리를 기대하는 상사는 더 이상 존재하지 않고 존재해서도 안 됩니다. 상사의 관리라는 것이 일에 대한 매니지먼트가 되어야지 사생활에 개입되어서는 안 됩니다. 일하는데 애인이 있는지 알아야 할 필요가 뭐가 있겠습니까. 오늘 오후에 반차를 쓰는 이유가 데이트 때문인지 가족 모임 때문인지, 아니면 건강검진 때문인지, 안다고 달라지는 게 있을까요? 오후에 반차를 쓴다는 팩트만 서로 알면 되는 거거든요. 그리고 이런 사생활에 대한 익명성을 잘파세대는 편하게 생각합니다.

그런데 이런 익명성이 잘파세대에게만 편한 게 아닙니다. 중간급 직원들, 그러니까 M세대에 해당하는 분들도 그에 따라서 소속감과 책임감을 벗어 버리니 홀가분하거든요. 이런 세대들도 약한 연결 커뮤니티로서의 회사에 익숙해지고, 그에 맞춰 회사 생활의 스타일을 변화시키기 시작했습니다. 하지만 M세대의 문제는 그 위에 상사로 있는 임원급이 회사를 가족처럼 생각하며 청춘을 회사에 바친 충성파라는 거예요. 젊은 나이면 다른 회사를 알아보면 되는데 나이가 있으니 이직 자체가 부담스럽습니다. 그러니 마음에 안 든다고 들이받거나 명백하게 상사의 기대에 반하는 행동을 하기도 힘들어요.

그야말로 끼인 세대인 거죠. 상사가 갑자기 부탁한 일 때문에 자신은 야근하더라도 예정에 없던 일을 갑자기 팀원에게 시키기는 굉장히 눈치 보이는 시대가 되었습니다. 30대 팀장님들이 그럴 때 하는 선택은 '차라리 내가 하고 만다'입니다. 그래서인지 요즘 들어 번아웃 문제가 여기저기서 많이 발생합니다.

이대로 가면 회사는 중간관리자도 많이 잃게 됩니다. 특히 앞으로 코로나로 비대면 대학 생활을 한 잘파세대가 입사하게 되잖아요. 그들에게 아르바이트를 시켜본 수많은 자영업자들의 말로는 얼마 전까지만 해도 상상도 할 수 없던 일들이 비일비재하게 벌어진다고 합니다.

물론 이것은 잘파세대가 이상하다는 말이 아니라 기존의 조직과 직장에 대한 상식과는 다른 사고를 한다는 의미입니다. 잘파세대의 사고방식을 기존 조직의 사고방식에 맞추기란 쉽지 않습니다. 그냥 나가버리니까요.

결국 회사가 어떻게 조직의 분위기를 수정해서 이들과 조화롭게 일을 해 나갈 것인가를 고민해야 합니다. 그리고 그 시작은 임원부터입니다. 자신이 직장 생활하던 때와는 완전히 다르다는 전제를 가져야 해요. 회사 뱃지를 자랑스럽게 양복에 달고 다니던 사람들이 당근에 신입사원 웰컴 키트를 파는 요즘 세대를 이해하는 것은 웬만한 노력이 아니고서는 어렵거든요. 그래서 이해하려고 하지 마시고 그냥 외우셔야 할 수도 있습니다. 그렇다는 것을 아는 것만으로도 잘파세대를 대하는 자세, 그리고 그들을 매니지먼트해서 같이 일을 해야 하는 M세대를 대하는 자세가 달라질 수 있거든요.

개인 성장 플랫폼으로서의 회사

회사가 잘파세대와 같이 일하기 위해서는 그들이 우선시하는 가치를 보장해줘야 합니다. 의외로 잘파세대는 연봉에 연연하지 않아요. 그렇다고 돈에 연연하지 않는다는 것은 아닙니다. 지금 회사의 연봉에 연연하지 않는다는 뜻이죠. 이 회사를 발판으로 경력을 더 쌓아서 더 높은 연봉을 주는 곳으로 이직하면 되거든요.

그렇게 보면, 잘파세대는 승진에도 관심이 없습니다. 다른 회사로 이직하면서 직급을 올리는 게 더 빠르고 현실성 있거든요. 예전에 김난도 서울대 교수님이 CJ에 신입으로 입사하고 찾아온 제자에게 "승진은 몇 년 있다가 하니?"하고 물어봤다가 그 제자가 "모르겠다"고 대답해서 깜짝 놀랐다고 이야기하신 적이 있어요. "그럼 뭐에 관심이 있냐?"고 물었더니 "어떤 프로젝트를 맡을 것인가"라고 대답했다고 합니다.

잘파세대는 자신이 맡을 프로젝트나 업무에 관심을 보입니다. 요컨대 커리어를 관리한다는 건데요, 티가 나고 성과가 괜찮을 만한 프로젝트를 통해 레퍼런스를 쌓고 이직을 하는 것이 승진이나 연봉 등에 훨씬 유리하거든요. 그런 면에서 보면 회사가 잘파세대에게 매력이 있으려면 이들에게 개인이 성장할 수 있는 일을 주어야 합니다. 일의 매니지먼트를 통해서 직원들에게 매력적인 프로젝트를 제안하며 그들에게 책임을 맡기는 것이 좋습니다.

아니면 개인이 성장할 수 있는 여건이 이미 마련된 회사가 잘

SK의 자기 성장 플랫폼 마이써니의 로그인 화면

파세대와 잘 맞아요. 자기계발을 할 수 있거나 새로운 경험을 할 수 있게 N잡(보통 공식적으로 회사는 N잡이 금지되어 있지만 콘텐츠 창작 활동 같은 경우는 제한하지 않기도 합니다)을 할 수 있거나, 개인에게 양질의 교육이나 성장의 기회를 제공하는 회사도 좋고요. 그래서인지 SK 같은 기업은 기업대학을 표방하는 구성원 역량 강화 플랫폼 마이써니mysuni를 만들어 구성원의 역량을 높이는 교육을 하는 데 많은 비용을 투자하고 있습니다. SK 직원들은 이 교육에 참여하면 학습시간을 근무시간으로 인정받는데, 연간 근무시간의 10%에 해당하는 200시간까지 학습에 투자할 수 있도록 배려한다고 합니다.[7]

개인 성장 플랫폼이라는 측면에서 회사는 잘파세대에게 매력적으로 다가옵니다. 그러니 앞으로 회사는 구성원의 충성심을 끌어내기 보다는 그들의 성장을 이끌어 내는 데 노력을 기울이는 것이 좋습니다. 그것이 오히려 충성심을 강화하는 방법이 되고요.

대기업처럼 성장 플랫폼을 제공하지 못한다면 다른 것이라도 제공해야죠. 잘파세대에게 복지는 회사 탕비실에 컵라면을 가져다 놓는 것이 아니라(야근할 때 먹으라는 뜻밖에 안 되니까요) 시간과 경험, 기회의 제공입니다. 회사의 복지 체계를 돌아보고 재설계할 필요가 있습니다. 이제 본격적으로 회사에 들어올 잘파세대를 잘 맞이하기 위해서는 말입니다.

비대면 작업 설계: 휴먼포비아, 콜포비아

잘파세대에게는 흔한 콜포비아

가수 아이유 씨는 세대를 불문하고 인기가 있죠. 어려서부터 다양한 활동을 해서 많은 사람에게 이름을 알리고 매력을 알린 결과라고 할 수 있는데요, 사회생활도 일찍 시작했으니 무척 사회성도 좋고 활발할 거라 생각하기 쉽지만 사실 그렇지 않은 면이 있다고 합니다.

특히 자신의 유튜브 채널 〈팔레트〉에서 전화 공포증에 대해 말한 내용이 굉장히 인상 깊었어요. 절친인 배우 유인나 씨와 이야기를 나누다가 전화 이야기가 나오자 "나는 가만히 앉아서 통화를 잘 못한다. 엄마랑 통화를 하는 것도 조금 불편하다. 심지어 인나 씨와 통화하는 것도 힘들어한다. 사실 아무하고도 통화를 못한다"고 말했거든요.

전화에 대한 공포증으로 통화를 힘들어 하는 현상을 콜포비아 Call Phobia라고 합니다. 전화를 뜻하는 Call과 공포증 Phobia의 합성어인데요,[1] 단순히 전화를 기피할 뿐 아니라 통화를 할 때 두려움과 불안을 느끼는 등, 전화를 받거나 걸기 전에 필요 이상으로 긴장하는 현상을 말합니다.

그룹 샤이니의 키 씨 역시 KBS 예능 프로그램 〈옥탑방의 문제아들〉에 출연해서 전화가 힘들다고 고백하기도 했었죠. 이유를 묻는 질문에 "전화가 오면 무슨 일이 생길 것 같아서 (무섭다). 문자는 오면 생각을 하고 적을 수 있는데, 전화는 바로 말을 책임져야 한다"[2]고 말했습니다. 이렇게 키 씨가 겪고 있는 콜포비아는 사실 잘파세대에게는 아주 흔한 현상입니다.

잘파세대는 대면 커뮤니케이션에 약합니다. 잘파세대는 디지털과 함께 자란 세대입니다. 놀이터에서 친구들과 뛰어놀기보다는 게임을 했고, 학원에서 다른 학교 아이들과 만나기보다는 인강으로 부족한 공부를 한 세대인 거죠. 바로 옆에 앉아 있는 친구한테도 카톡이나 DM으로 말을 거는 친구들이죠.

문자와 사진 공유 같은 온라인 소통은 잘하지만, 대면으로 말을 섞는 데는 약합니다. 가뜩이나 이렇게 디지털 소통에만 익숙한데 특히 코로나 시국이 되면서 동네 친구들과의 우연한 만남도 줄어들고 아르바이트를 할 때 가게에서 손님과 대화하던 것도 온라인으로 주문을 하게 되니 기회가 사라졌어요. 다른 사람과 커뮤니케이션할 기회 자체가 줄어버린 겁니다.

여러 커뮤니케이션 방법 중에서도 특히 잘파세대는 전화 소통을 어려워합니다. 이들은 메신저나 SNS 같은 문자 소통에 익숙한 세대거든요. 취업콘텐츠 플랫폼 진학사가 Z세대 1,397명을 대상으로 '선호하는 사내 소통법'을 설문 조사했는데 76%가 메신저로 소통하는 것이 가장 편하다고 답했습니다. 대면 대화는 8%, 그리고 전화가 6.2%로, 전화를 하느니 차라리 얼굴을 보고 이야기하겠다는 거거든요. 하지만 76%인 메신저 비율에 비해 10%도 안

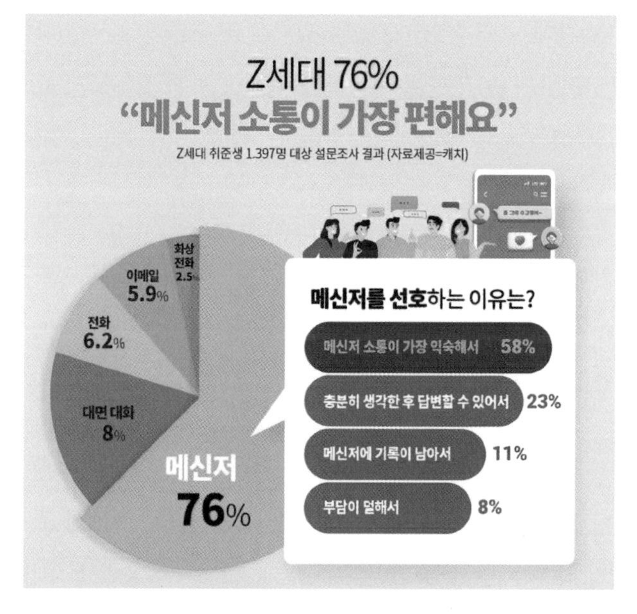

Z세대 대상으로 진행한 선호하는 사내 소통 방법 조사 결과[3]

되는 직접 소통에 대한 선호도는 매우 빈약하다고 할 수 있죠. 전화는 더하고요.

메신저 소통이 편한 이유에 대해서는 익숙해서라는 답이 가장 많았고, 충분히 생각한 후 답변할 수 있어서가 두 번째 이유를 차지했어요. 이 이유가 바로 앞서 말한 샤이니의 키 씨가 말한 이유와 일치합니다. 그 밖에 부담이 덜해서라는 답변도 있었는데요, 이런 이야기를 다 종합해서 이유를 정리하면 '전화로 하는 의사소통은 바로 답을 해야 해서 그에 대한 부담을 느낀다'는 것입니다. 생각을 정리할 틈이 없어 생각한 것을 제대로 말하지 못하게 되는 상황을 걱정하는 것이죠.[4] 실제로 Z세대 사원 응답자 가운데 60%가 전화 소통에 어려움을 겪었다고 답했습니다. 이는 취업포털 잡코리아가 2019년에 비슷한 주제로 조사한 설문에서 46.5%[5]가 나온 데 비하면 무려 15% 가량이 증가한 것입니다. 그 사이 있었던 코로나라는 요소를 인식하지 않을 수 없을 것 같네요.

비대면 툴을 이용한 소통

그래서 이런 잘파세대가 본격적으로 사회에 진출해서 회사에 다니기 시작하면 업무 전화에 대한 적응이 상당한 문제가 될 것으로 보입니다. 사실 잘파세대의 사회 진출은 이제부터 시작이거든요. 아르바이트는 했었지만 정식 취업은 이제 시작입니다. '요즘 애들 이상해' 하는 에피소드를 올리는 분들은 자영업 사장님인 경우가 많은데, 아르바이트를 고용하는 과정에서 잘파세대와 접점이 있었기 때문이거든요. 디지털 세대의 특성에 코로나까지 겪어 커뮤니케이션에 서툰 잘파세대가 사회에 본격적으로 진출하는 것은 이제 시작이기 때문에, 앞으로 여러 갈등 상황에 더 자주 노출될 것입니다.

가뜩이나 직장 내에서 세대 간에 소통이 안 된다고 지난 10여 년간 소통 교육이 활발했거든요. 하지만 그런 교육의 성과를 비웃듯이 아예 대화를 거부하고 두려워하는 잘파세대가 회사에 본격적으로 등장하기 시작합니다. 이미 일부 회사에서는 신입사원이 전화를 못 받거나 안 받아서 팀장님이 직접 전화를 받고 있다는 경험담이 속속 나오고 있어요.

이런 상황에서 회사가 직원들의 콜포비아 증상을 교육으로 극복시킨다는 해법은 미봉책에 가깝죠. 힘들기도 하지만 어느 정도 콜포비아를 극복한 사원이 그만두면 그다음 사원은 어떻게 할 것인가 하는 문제가 있잖아요. 그래서 차라리 회사의 소통 체계를 대화와 통화가 아닌 문자와 메시지 위주로 바꾸는 편이 효율적입니다. 바로 옆자리에 팀원이 있어도 말로 하지 않고 메신저로 업무 사항을 전달하는 겁니다.

회사 생활에서 팀장과 팀원이 자주 하는 대화가 있거든요. '저번에 내가 말했었지?'에 대해 '그런 말 하신 적 없잖아요?'로 받아치는 거죠. 둘 중 누군가의 기억은 잘못되었다는 것인데, 이게 메신저에 기록으로 남아 있으면 아무런 문제가 없습니다. 알바천국의 조사에 따르면 직원들도 최근 텍스트 중심의 소통이 늘어나는 현상에 대해 '텍스트로 소통을 하면 대화 기록이 상세하게 남아 편리하다'고 60.6%가 긍정적인 반응을 보였습니다.[6] 그리고 최근 들어 법에 대한 지식과 접근성이 좋아지면서 예전보다 소송 등이 자주 일어나면서 회사에서는 외부와 접촉할 때, 특히 계약 같은 일은 이메일이나 카톡으로라도 기록을 남기라고 사원들한테 권하고 있기도 하거든요.

비대면 툴을 이용한 소통도 바람직할 수 있습니다. 얼굴을 직접 맞대고 회의를 하는 것보다 AI 회의툴로 회의를 하면 자동으로 회의록이 정리되면서 모두 기록으로 남기 때문에 비효율적인 말도 줄어들죠. 이에 대한 부작용으로 친분을 쌓을 기회가 줄어들고

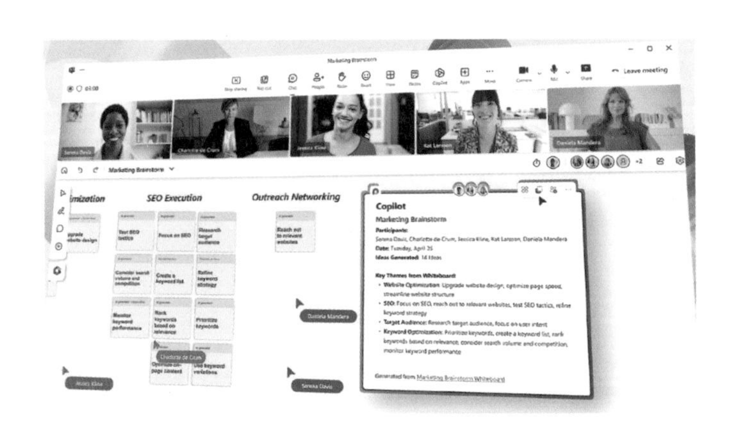

마이크로소프트의 인공지능 비서 서비스 코파일럿이
화상회의 툴 팀즈에 적용된 모습[7]

정서적 유대감이 떨어진다는 염려도 있긴 한데, 그런 감정은 점심 시간이나 커피타임에 쌓아야지 업무시간에 쌓을 필요는 없어요.

회사에 출근해서도 메신저를 이용하거나 비대면 툴을 이용해 업무의 상당량을 처리하게 되면 추후 재택근무가 일상화되어도 바로 적응할 수 있습니다. 회사들이 코로나 봉쇄가 끝난 후에 재택근무를 끝내고 일터로 복귀하라고 하는 것은 비대면에서보다 대면에서의 생산성이 더 좋다는 믿음 때문인데요, 그렇게 된 데에는 비대면 원격근무가 익숙하지 않은 비디지털 세대들이 회사 곳곳에 있기 때문이거든요. 게다가 보통 이분들은 직급이 높은 편이죠. 그런데 모든 구성원이 비대면 툴을 활용해서 일하는 데 익숙해지면 어떤 업무의 생산성은 재택근무가 더 높을 수 있어요. 그래서 당장 비대면 근무를 시작한다기보다는 직접적인 접촉과 대화를 최소화하는 소대면 기조로 회사의 업무 시스템을 바꿔 나가는 편이 앞으로의 방향성을 생각할 때 바람직하다는 것이죠.

무엇보다 메신저로 대화할 때는 통통 튀고 재미있는 사원이 전화만 하면 실수 연발에 문제를 일으키는 일이 계속 발생한다면, 그리고 그런 사람들이 계속 입사한다면, 회사 차원에서 비대면 툴의 업무 적용에 대해 고민하지 않을 수 없게 될 겁니다.

부장님 개그와 시끄러운 퇴사

잘파세대와의 소통 문제를 이야기할 때 한 가지 빼놓을 수 없는 부분이 있습니다. 잘파세대는 비교적 분명하게 자기 의사를 이야기하고 필요한 대상에게 메시지를 전달한다는 점이에요. 비전이 미래에 있기보다는 현재에 있기 때문에 한 회사에서 오래 근무할 생각이 없고, 따라서 승진 여부로 눈치를 보지 않습니다. 보이지 않는 은따(은근한 따돌림)에 대해서도 크게 걱정하지 않습니다. 퇴사하고 다른 곳에 가면 되거든요. 업계 평판도 큰 걱정은 아니에요. 진짜 하고 싶은 일은 콘텐츠 같은 것을 만들며 혼자 일하거나 여러 수익 파이프라인을 구축해 놓고 여유롭게 돈을 버는 것이거든요.

원래부터 자아 존중감이 강하고 부모나 친척 어른들 앞에서 당당하게 말하던 버릇이 있어서 다른 어른들에게도 당당하게 할 말 다 하는 편입니다. 부장님 개그라는 말이 있잖아요. 부장님 개그의 문제는 말장난이 안 웃겨서 문제가 아니라, 웃기지 않은데도 상대가 부장님이기 때문에 사회적 지위에 눌려 웃는 척하고 재미있는 척해야 한다는 겁니다. 앞서 언급한 최근 인기인 스케치 코미디 채널 '띱'에서는 〈사유 부장개그〉라는 영상을 통해 부장님 개그를 풍자한 적이 있습니다. 입사 6개월 차 사원에게 '퇴사 이유가 뭔가요?'라고 물었더니 '부장님의 아재개그 때문입니다'라고 대답하면서 당시 상황을 재미있게 구성해 보여주는 거죠.

이 영상은 사회적 지위를 무기로 웃음을 강요하는 부장님 개그의 핵심을 짚었습니다. 하지만 부장님의 사회적 지위에 압박을 받아서 억지로 파안대소를 장착하는 사원이라면 그건 잘파세대의 감성은 아닙니다. 요즘 진짜 6개월 차 잘파세대 감성은 "에이 부장님, 이번 거는 완전 부장님 개그네요"라고 말하는 거예요. 물론 이런 말은 대기업보다는 부장과 사원의 거리가 상대적으로 가까운(매일 같이 점심을 먹으러 갈 테니까요) 중소기업에서 발생하는 일인 경우가 많지만, 이렇게 노골적으로는 아니어도 큰 웃음으로 화답하지 않는 경우는 종종 있을 겁니다.

의사소통에 있어서 금단의 선이 어느 정도 사라지고 있어요. 유사 가부장적 질서로 유지되던 70년대의 회사 풍경에 비하면 요즘 회사는 콩가루 집안이라고 할 수 있어요. 부서 사람들 전체가 우르르 같이 나가 점심을 먹는 풍경은 이제 뉴스의 자료화면에서나 찾아볼 수 있는 시대가 되었죠. 제가 아는 한 팀장님은 10명 정도의 팀원이 같이 식사하는 경우가 한 반기에 한 번 정도라는데, 저녁 회식을 못 하니 점심시간에 날을 잡아서 반기에 한 번씩 회식을 하기 때문이라고 합니다. 직원들이 노골적으로 싫은 티를 내기 때문에 저녁 회식 약속 잡기가 눈치 보인다고 하더라고요.

잘파세대는 자신의 생각과 의견을 드러내는데 비교적 당당합니다. 눈치도 덜 보고요. 그러다 보니 잘못 컨트롤하면 회사적으로 문제가 생길 수도 있어요. 2023년 상반기 미국에서 유행한 직장 용어 중에 조용한 퇴사 말고 '시끄러운 퇴사'도 있습니다. 시끄러운 퇴사는 회사에 사직 의사를 밝히고 그동안 불만이 있었던 고용주나 직장 상사에게 욕설을 하거나 사직서를 던지는 등의 행동을 하면서 퇴사하는 것을 말합니다. 실제로 미국에서는 2023년에 퇴사한 직원 5명 중 1명이 이 같은 시끄러운 퇴사를 했다고 합니다. 사실 화려한 퇴사짤은 인터넷 밈으로도 많이 돌았는데요, 퇴사할 때 다른 직원들 앞에서 상사에게 사표를 던진다든가(은유가 아닌 진짜 집어 던져요) 밴드를 동원해 행진을 하며 가능한 한 시끄럽게 직장에 자신의 퇴사를 알리는 영상도 있더라고요.

이런 식의 퇴사는 직장인이라면 한 번쯤은 꿈꾸는 거잖아요. 이력서 작성 온라인 사이트인 레쥬메가 조사한 바에 따르면 설문조사 응답자 중 68%가 퇴사를 할 경우 시끄러운 퇴사를 해보고 싶다고 답하기도 했습니다.[8] 중요한 것은 굳이 이렇게 시끄럽게 티를 내며 퇴사하는 이유겠죠. 시끄러운 퇴사를 한 사람들이 든 이유로는 '고용주와의 신뢰가 깨져서', '주어진 역할이 실제 구인 공고와 달라서' 등이었어요. 그러니까 사측이 취직 당시의 약속을 지키지 않고 해줘야 할 것을 안 해준다는 불만을, 예전 세대는 꾹 참았는데 잘파세대는 그것을 아주 시끄럽게 드러내는 거예요. 그래서 그런지 시끄러운 퇴사 동영상들을 보면 옆에서 박수쳐주는 동료들의 얼굴이 아주 즐거워 보입니다. 사측에 대한 불만을 공식적으로 표현해주는 것이나 다름없으니까요.

기업 시스템 투명화의 계기

잘파세대는 부당한 지시와 잘못된 관행 그리고 개선점에 대해 당당하게 말하는 세대입니다. 이런 사람들이 회사에 대거 들어가기 시작하면, 아직도 구시대적 운영을 하는 회사는 트러블이 생길 가능성이 큽니다. 그래서 본격적으로 잘파세대가 입사하기 전에 회사 시스템의 투명성을 높일 필요가 있어요. 문제가 본격적으로 불거지기 전에 말이죠.

'왜 저 사람은 이번에 승진을 하고 저 사람은 누락되었는지?', '실무를 한 것도 아닌 팀장님이 왜 성과급을 더 가져가는지?' 같은 의문이 안 생기도록 노력해야 하고요. 이런 의문이 생긴다면 분명하게 자료로써 증명해야 합니다. 성과주의적 임금체계로 유명한 삼성을 대상으로 2023년에 민주노총에서 '삼성 고과제도의 현황과 폐해 실태 연구'를 발표했는데요, 결과를 보면 직원들이 고과평가에 대해 강한 불신을 가지고 있음을 알 수 있습니다. '고과평가가 개인의 노력을 정확하게 반영하지 못 한다'는 응답이 76.0%인데 반해서 잘 반영되어 있다는 응답은 9.3%에 불과했습니다. 그리고 승격이 투명하게 이뤄지는지에 대해서 부정 응답이 70.3%로 긍정응답의 8.2%를 훨씬 웃돌고 있고요.[9] 고과 평가에 영향을 미치는 요소로는 학연, 지연, 친분 등 사내 정치를 들어요.

조사 결과를 보면 인사고과 평가의 방법과 결과에 대해서 직원들이 상당한 불만을 가지고 있잖아요. 하지만 이를 노골적으로 드

블라인드 앱

러내거나 특히 외부에 알려 공론화하는 경우는 많지 않습니다. 그런데 퇴사할 때 평판이나 앞일을 생각하지 않고 자신의 소신대로 시끄러운 퇴사를 선택하는 잘파세대라면 이에 대한 불만을 어떤 식으로든 커뮤니케이션 할 수 있어요.

그것이 회사 내에서 정식적으로 제기되는 문제가 될 수도 있고요, 아니면 디지털 사용이 활발하고 익숙한 잘파세대는 블라인드나 잡플래닛 같은 기업평판 사이트에 적극적으로 리뷰를 올리는 선택을 할 수도 있습니다. 실제로 최근 사회문제가 되고 있는 여러 가지 이야기가 블라인드에 올라와서 알려진 경우가 많잖아요. 대표적으로 갑질이라는 단어를 세계에 알린 대한항공의 땅콩회항 사건이 바로 블라인드에 올라와서 공론화까지 간 사건이었죠.

잘파세대하면 자기주장이 강하고, 개인적이고, 할 말 안 할 말

못 가리다는 이미지가 있는데, 그게 나쁜 것만은 아니예요. 이런 사람들이 직원으로 근무하게 되면 회사로서는 운영을 투명하게 하지 않을 수가 없게 됩니다. 그래서 회사를 조금 더 민주화, 개방화하는 계기를 잘파세대를 맞이하며 가질 수 있어요. 세계 최고의 헤지펀드 회사를 운영하는 레이 달리오나 넷플릭스의 리드 헤이스팅스는 각각 저서인《원칙》과《규칙 없음》에서 자신의 회사가 성공한 이유를 '지나칠 정도의 투명성'으로 뽑은 바 있습니다.

공정을 따진다는 착각: 손해 보고 싶지 않은 원칙주의자들

지나치게 당당한 요구

작가활동도 하고 기업강연도 많이 다니고 방송이나 유튜브도 촬영하고 있지만, 제가 저의 기반이라 생각하고 무게 중심을 두고 지속하는 일은 대학 강의입니다. 2008년서부터 2016년까지 전주대학교에서 객원교수를 했고, 2016년부터는 성신여대로 옮겨서 겸임교수를 하고 있습니다. 그러니까 매 학기 대학교에서 강의한 게 15년은 넘을 거예요. 그러다 보니 점수나 출석 등의 평가에서 학생들과 여러 가지 에피소드가 있는데요, 지금 말씀드리는 것은 2023년 상반기가 끝나갈 때 있었던 일이에요. 학기 말쯤에 3학년 학생 하나가 찾아오더니, 전에 결석한 건에 대해서 출석을 인정해달라고 하더라고요. 그런 경우야 많은데, 문제는 이 학생의 이유와 말투가 그다지 매끄럽지 않았다는 겁니다.

"교수님. 2주 전에 빠진 것은 학과 행사 때문이었어요. 출석으로 인정해주세요."

거의 그 학생의 워딩대로 썼습니다. 글자로 보는 것보다 어투와 표정까지 같이 재생하면 좋을 것 같은데, 마치 교수가 잘못했다는 식의 준엄한 꾸중의 기운이 느껴졌거든요. 그런데 억울한 포인트는 제가 잘못한 것은 없다는 겁니다. 우선 보통은 학과 행사가 강의를 빠질 확고부동한 사유가 되지는 않는다는 거예요. 만약 강의를 빠져야 한다면 협조 공문이 나오는데, 협조 공문을 받지 못했다는 것은 공식적인 행사는 아니라는 거거든요.

그리고 협조 공문을 얻은 공식적인 학과 행사라 해도 저런 이야기를 할 때는 일반적으로는 '이러저러한 사정으로 빠졌는데 혹시 출석 인정이 될까요?' 같이 조심스러운 접근을 하거든요. 그런데 굉장히 당당하게 '출석으로 인정해주세요'라고 따지듯이 말하는 것은 맡겨 놓은 돈을 찾아가는 것이 아닌 한 그다지 현명한 대화의 전략은 아니죠.

잘파세대의 성향을 모르고 이런 요구를 들은 교수님들이라면 '뭐지, 이 학생?' 하고 생각할 수밖에 없어요. 그런데 이 학생의 사고에는 제가 '비공식적인 학과 행사 때문에 빠지는 것은 출석 인정이 되지 않는다'는 내용을 명시적으로 밝힌 적이 없다는 생각이 깔려 있어요. 그러니 자신의 요구는 당연하며, 교수가 그것을 인지하지 못하고 결석으로 체크하는 실수를 한 것이니 '지나치게 당당하게' 출석으로 인정해달라고 요구한 거죠.

하지만 이런 논리라면 교실에서 담배를 피우면 안 된다는 표식이 없으면 담배를 피워도 된다는 이야기인데, 교실에서 담배를 피우면 안 된다는 것은 상식이잖아요. 그래서 모든 교실에 금연이라고 써 붙일 필요가 없는 것이고요. 이 학생이 원칙이라고 생각한 '비공식적인 학과 행사도 출석으로 인정한다'는 것은 상식이 아니거든요.

다만 이 학생은 이른바 코로나 세대로, 1학년 때부터 3학년 1학기까지 학교를 안 왔다가 3학년 2학기에 처음 학교에 나왔어요. 그리고 바로 그 3학년 2학기에 이런 요구를 한 거예요. 당연히 모를 수도 있겠다는 생각이 들더라고요. 학과에서 하는 행사는 그게 공식적이든 비공식적이든, 교수가 주체든 학생이 주체든 간에 어떤 강의에서도 프리패스로 작용할 거라 생각할 수도 있다는 거죠.

쓰여진 대로 따르기

타인과의 관계나 커뮤니케이션을 부담스러워하고 이에 대해 가능한 한 회피하려 하는 잘파세대에게 사회생활은 잘 모르는 규약과 묵시적인 약속의 지뢰밭입니다. 문자나 글자로 소통하는 것에 익숙한 잘파세대는 대화나 통화처럼 직접적인 의사소통에는

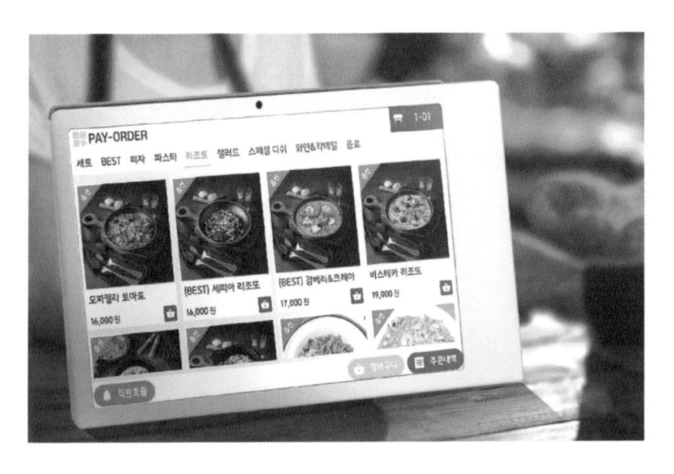

테이블 오더 전문 브랜드인 페이오더의 테이블 메뉴판[1]

생각할 시간이 부족해서 두려워하는 모습을 보여요. 즉흥적인 대응에 서툴러서 전화를 기피하는 사람에게 여러 사회적 관계에서 나오는 각종 돌발상황은 너무나 피하고 싶은 일인 거죠.

그래서 이런 관계를 이어 나가야 하는 잘파세대의 선택은 원리, 원칙입니다. 약속한 대로 행동하고 쓰여진 대로 따르는 거죠. 정해진 규칙을 그대로 따르는 것이 공정하기도 하고, 여러 가지 다양한 상황에 대응하는 방법이 되는 거예요. 예를 들면 전통시장에서 가격을 흥정해서 물건을 사는 것을 기피하고, 정찰제로 군더더기 없이 적혀진 가격을 지불하는 것이 훨씬 편한 식인 거죠. 화장품을 고를 때도 혼자서 보는 게 편하지 점원이 따라다니면서 이런저런 말을 시키는 것을 아주 부담스러워합니다.

그래서 잘파세대는 무인매장을 편하게 느낍니다. 다른 사람 신경 쓰지 않고 자신이 보고 싶은 거 다 보고, 생각할 거 다 생각할 충분한 시간을 가지니까요. 정보가 필요하면 바로 검색하면 되니까, 정보를 얻지 못하는 불편함이 덜하거든요. 음식점에 키오스크가 유행하고 자리마다 무인 주문 시스템이 자리하고 있는 것은 이제는 비용 절감 차원뿐 아니라 고객 만족을 위해서도 필요한 요소가 되어가고 있는 겁니다.

선택적 공정

사실 원칙을 정하고 정해진 원칙을 지켜야 한다는 건, 굳이 잘파세대가 아니라 전 세대에게 요구되는 일입니다. 문제는 모든 원칙을 문자로 기록하지 않는 한 그 원칙은 곧 상식일 텐데, 이 상식이 사람들 간에 서로 많이 다를 수 있다는 것입니다. '인간관계에서 적어도 이 정도는 해야지' 하는 상식이 다른 거예요.

대학 에피소드를 한 가지만 더 말해 볼게요. 대학생들이 가장 중요하게 생각하고 민감하게 생각하는 것은 예나 지금이나(그리고 앞으로도) 학점입니다. 지금이야 나름 노련해져서 큰 무리 없이 모두가 납득할 만한 학점을 주는 편인데요, 초창기에는 학생들과 좀 갈등이 있었습니다. 가장 많은 민원은 '정말 죄송한데, 학점을 한 등급만 올려주시면 안 될까요?'입니다. 주로 장학금 때문에 그렇다는 얘기와 졸업이 문제가 되어서 그렇다는 이유를 대면서요.

그리고 이 학점보다는 시험을 잘 봤다는 주장도 하는데요, 막상 채점된 시험지를 보여주면 '죄송합니다'라고 말하는 경우가 대부분이기도 해요.

그런데 15년이 넘는 긴 시간 동안 제가 단 한 번도 겪어 보지 못한 일이 있어요. '교수님이 실수해서 학점이 더 좋게 나왔다'는 항의입니다. 보통 대학은 상대평가를 할 때 A는 30%, A+B는 70%라는 식의 가이드라인이 있습니다. 이 비율을 넘기면 아예 시스템에서 학점 입력이 안 되어서, 이 가이드라인을 반드시 지킬 수밖에 없거든요. 그런데 한 클래스에 학생 수가 100여 명이 되다 보면 최종 등급 수여 과정에서 한두 명쯤 변동이 생길 수가 있어요. 그래서 사전 공개 때는 B였던 학생이 실제 성적표가 나갈 때는 A로 나간 일이 몇 번 있었거든요. 비율 문제만 없다면 가능한 한 좋은 점수를 주고 싶은 게 교수의 마음이니까요. 그런데 학생 입장에서 보면 B로 알고 있던 과목에서 갑자기 A가 나온 거잖아요. 잘못 찍힌 거죠. 하지만 여기에 대해서 저는 단 한 번도 항의를 받아 본 적이 없어요. 처음에 약속하신 것과 다르다고 말이죠.

어떻게 생각하면 이것도 원칙을 어긴 거고 처음 약속과 다른데, 이에 대한 이의는 제기하지 않는 거죠. 결국 명시된 원리, 상식적인 원칙을 지키는 것이 공정이라고 생각하고 주장하기는 하지만, 따지고 보면 그 원리나 원칙이 '문자적으로' 지켜지는 것도 아니라는 것이죠. 자신의 유불리를 따져서 유리하면 원칙에 어긋나도 수용하고, 불리하면 원칙에 맞아도 한 번 이의를 제기해 보기도 해요. '되면 좋고 안 되면 할 수 없다'는 식의 찔러보기는 도전정신이라는 말로 포장되어서 사회 곳곳에서 이루어지고 있거든요.

DAO식 조직 만들기

글자 그대로의 공정이라는 것은 사실 기존 세대에게도 잘파세대에게도 가능하지 않습니다. 자기 자신에게 엄격하기란 쉬운 일이 아니고, 특별히 남의 눈에 띄어야 하는 공인이 아닌 이상 솔직히 그럴 필요도 많지 않습니다.

그래서 조직이나 회사에서는 모든 규칙과 원칙, 일의 방법들을 문자화, 기록화할 필요가 있습니다. 누군가를 칭찬하거나 혼내는 것도 모두 이 규칙 아래서 이루어져야지 개인적인 감정이 들어가서는 안 됩니다. 그러면 갈등의 원인이 돼요.

그래서 필요한 것이 DAO(다오)식 규약입니다. 한때는 미래의 회사 모습이라고 DAO가 각광을 받았지만, Web3의 개념으로 접근하는 DAO는 암호화폐와 밀접한 연관이 있다 보니 암호화폐의 겨울과 함께 지금은 수면 아래로 가라앉은 상태이긴 합니다. 하지만 DAO의 의의에 대해서는 많은 분이 공감하기 때문에 언제든 필요할 때 DAO는 구현될 거예요.

DAO는 Decentralized Autonomous Organization의 약자로 탈중앙화된 자율관리 조직을 뜻합니다. 별도의 중앙화된 관리

주체의 위계나 서열이 없이 스마트 컨트랙트를 통해 투명하게 정해진 규칙에 따라 구성원 모두가 자율적으로 공동의 의사결정에 참여하고 목표 달성을 추구하는 조직이라고 할 수 있습니다.[2]

예를 들어 10명이 벤처를 만들어서 회사를 운영한다고 하면, 처음 돈을 대는 오너 그리고 관리자, 실무자로 구성이 되겠죠. 그런데 DAO 형태가 되면 이 10명이 지분을 나눠 가지고, 모두 주체로서 참여하게 돼요. 지분은 자신이 가질 수 있는 여력이 되는 만큼 협의해서 가지게 됩니다. 실제 DAO에서는 이 지분을 보통 토큰으로 나눕니다. 중요한 것은 처음부터 회사가 어떤 목적을 가지고 어떤 방식으로 운영할지 이미 정해진 상태에서 토큰을 나누고 이 DAO에 참여한 것이므로 대표라고 해서 회사가 정한 규칙을 마음대로 바꿀 수는 없다는 것입니다. 처음부터 블록체인 기반의 스마트 콘트랙트로 이루어졌기 때문에 개인이 바꿀 수 있는 게 아닌 거죠. 하지만 시장 상황에 따라 변화가 필요할 때에는 투표를 통해서 바꿀 수 있어요. 일정 이상의 토큰을 가진 사람들이 안건을 내고, 그 안건에 대한 논의가 필요하다고 생각하는 사람들이 어느 수 이상 동의를 하면 논의 후 표결에 붙이는 것이죠. 중앙이 아닌 탈중앙화된 자율조직이라는 것은 이런 뜻이에요.

이런 조직의 문제점은 시간이 많이 걸리고 책임이 부재하다는 겁니다. 그래서 지금의 회사를 본래 의미의 DAO로 바꾸기에는 무리가 있어요. DAO식 운영을 하자는 것이죠. 권리의 분산, 책임의 분산, 합의 시스템, 인센티브 시스템 등을 도입해 팀을 운영할

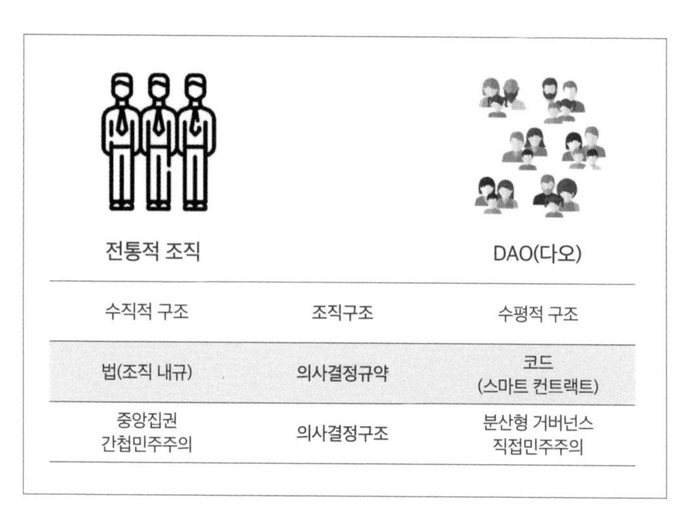

전통적 조직		DAO(다오)
수직적 구조	조직구조	수평적 구조
법(조직 내규)	의사결정규약	코드 (스마트 컨트랙트)
중앙집권 간첩민주주의	의사결정구조	분산형 거버넌스 직접민주주의

전통적 조직과 DAO의 차이[3]

수 있습니다.

DAO의 핵심은 모든 규약이나 회사의 재무, 회계 등이 투명하게 드러난다는 것이죠. 자세하게 명시되어 있고 투명하기 때문에 구성원들은 누구나 의구심이 들면 회사를 들여다 볼 수 있어요. 민주적인 결정 과정은 일에 대한 권한과 책임을 높여주고요.

반드시 DAO식으로 만들어야 한다는 것은 아닙니다. 탈중앙화된 자율 회사인 DAC Decentralized autonomous corporations/companies라는 용어도 따로 있어서 이런 형식의 회사에 대한 제안도 있습니다. 어떤 형태의 회사가 되었든 DAO의 핵심인 탈중앙화된 수평적인 조직 문화를 만드는 것이 중요하다는 이야기는 동일합니다. 부장은 부장의 권위가 아닌 부장의 일을 하는 사람인 거고요, 팀장은 팀장의 일을 하는 사람인 겁니다. 맡은 역할이 다른 것이지 사람 자체가 다른 게 아니에요. 연공서열보다는 맡은 롤 중심의 조직 문화를 만들 필요가 있죠.

근태관리에서 성과관리로

그런데 DAO식 운영은 결국엔 수많은 상황과 조건을 매뉴얼화 하는데, 문제는 이렇게 매뉴얼화 되면 보통은 일의 동력이 떨어지고 관료화된다는 것이죠. 그래서 매뉴얼화와 함께 일어나야 하는 중요한 변화가 직원 평가 시스템이에요. 기본적으로 한국은 근태관리 시스템인데 이게 성과관리 시스템으로 가야 하는 거죠. 8시간을 근무하든 4시간을 근무하든 100이라는 성과만 달성하면 아무런 문제가 없는 것이 성과관리 시스템입니다.(지금도 코어 시간에만 근무하면 유연하게 근무할 수 있는 제도를 실시하는 회사들이 있죠.)

근태관리는 근무 태도를 평가해야 해서 상사가 부하직원을 옆에 놓고 감시하듯이 항상 지켜봐야 합니다. 그런데 아침에 출근을 몇 시에 했는지, 저녁에 퇴근을 몇 시에 했는지로만 근무 태도를 평가할 수는 없거든요. 30분 일찍 출근하더라도 그 시간에 커피를 마시는지, 업무를 준비하는지에 따라 다른 거잖아요. 그리고 야근한다고 남아서 야구를 본 것은 아닌지도 알아야 하죠. 평소

지문인식으로 출퇴근을 기록하는 기계

업무할 때 열정적인지 늘 피곤한 느낌인지도 일종의 근태 평가라고 할 수 있습니다. 결국 수치가 배재된 평가자의 주관이 개입되는 정성평가가 될 수밖에 없어요.

반면에 성과관리는 성과를 보면 됩니다. 100이라는 성과만 확실하게 평가하고 책정하면 되는 거죠. 이렇게 되면 서로 협업하는 조직 문화가 만들어지지 않는다고 걱정하는 분도 계시는데, 다른 사람과의 협업이 필요한 업무라면 100이라는 성과를 만들기 위해 해당 담당자는 먼저 나서서 적극적으로 커뮤니케이션을 할 수밖에 없어요. 그래야 100이 나오니까 말이죠. 다른 부서의 협조를 받아야 달성 가능한 목표라면 그 협조를 받기 위해 평소 자신의 애티튜드를 어떻게 해야 할지 정해야 하는 거고요. 평소 직장에서 독불장군처럼 잘난 척해서 지탄받는다면 자신의 성과 달성에 문제가 생길 수 있으니 그런 행동을 안 하게 되는 것이죠.

성과관리 시스템의 디지털화

DAO식 모델의 성과관리는 일에 대한 책임이 일을 수행한 사람에게 있는 거예요. 성과가 확실한 만큼 퍼포먼스도 확실하고 개인에게는 레퍼런스도 되니까 경력관리를 위해서라도 일을 잘 수행해야 합니다. 그리고 이렇게 성과관리에 대해서 말하려면 성과를 어떻게 측정하는지가 어느 정도 수치화되어 있어야 합니다. 퍼포먼스 위주의 성과관리로 가려면 성과에 대한 정확한 평가 시스템이 만들어져야 한다는 거죠. 말은 쉽지만 결코 쉬운 일이 아닙니다. 성과 임금체계를 가진 삼성 사원들도 성과평가 체계를 믿지 못하겠다고 말합니다. 제가 삼성의 예를 들어서 그렇지 대부분의 회사가 이보다 더한 의심을 받을 겁니다.(삼성의 예를 자꾸 드는 것은 '심지어 제일 시스템이 잘 되어 있다는 삼성조차도'라는 개념이지 실제로 삼성이 제일 문제라는 뜻은 절대 아닙니다.) 특히 제가 아는 어떤 중소기업에서는 월급 인상이나 승진이 모두 '사장님 기분'이라고 체념한 분도 계셨습니다.

막상 성과평가 제도를 만드려고 해도, 영업의 경우에는 물건을 몇 개 팔았나를 보면 되지만 경영지원이나 인사관리는 어떻게 성과를 측정해야 하는지 애매합니다. 다행히 코로나 시국에 비대면으로 일하게 되면서 어느 정도 성과평가 방법이나 평가를 수행할 툴이 개발되었어요. 많은 사용 데이터가 있으면 이 시스템들이 보다 더 정교하게 완성될 텐데, 다시 대면으로 일하게 되면서 데이터 수집이 늦어지는 감이 있습니다. 비대면으로 일을 해보니 누가 게으름을 피우고, 누가 회사 내 친분으로 일을 해왔는지가 보여서 좋다는 의견들이 나왔었는데, 다시 회사로 복귀한 이후에는 시스템까지 다시 옛날로 복귀한 회사가 많습니다.

하지만 회사를 완전한 성과주의로 확 바꾸지는 못하더라도, 이 기회에 적어도 성과평가 시스템의 디지털화라도 이루어져야 앞으로 잘파세대뿐만 아니라 합리적인 직장생활을 원하는 사람들과 회사를 꾸려나갈 수 있을 겁니다. 안 그러면 형님, 동생 하는 주먹구구식 운영으로 다시 돌아갈 수 있는데, 내수에서 경쟁하는 회사라면 그렇게 해도 되겠지만 국제 경쟁력이 필요한 시점에서는 더 이상 살아남기 힘들어질 수 있어요.

속도가 아닌 방향의 변화

코로나 시국의 변화에 대해 '방향이 아닌 속도'라는 진단이 나온 적이 있어요. 비대면 비즈니스는 원래 가던 방향이 맞는데 코로나 때문에 시기와 보급이 확 당겨졌다는 거죠. 그래서인지 최근 기업들은 변화의 방향은 무조건 맞고 이를 얼마나 빨리 달성할 것인가만 생각하는데, 모든 면에서 변화의 방향이 맞는 것은 아닙니다.

기업 문화, 직업 윤리, 근무 방법 등 전체적으로 방향성에 대한 점검이 필요합니다. 젊은 실무자들의 일하는 방식과 태도가 변하기를 바라기 전에 그들에게 일을 시키는 방식과 태도가 변해야 합니다. '요즘 친구들은 직업 윤리가 이상해'라고 말하기 전에 그 직업 윤리가 맞는 방향인지 생각해 보자는 거죠. 열심히, 성실히 일한다고 해서 성과가 달성되는 게 아닌데, 열심히 했냐만 보고 있을 이유는 없거든요. 왼쪽으로 가야 하는 사람이 오른쪽으로 달리고 있다면, 그 사람의 속도는 더 이상 중요한 사항이 아닙니다. 방향부터 바꿔줘야 하거든요. 그게 근태관리에서 성과관리로 가야 하는 이유예요. 근태관리로는 더 이상 관리가 안 되는 잘파세대가 이제 본격적으로 사회에 나오고 직장에 들어오고 있어요.

답정너와 결정장애 사이: 너무 많은 정보 자극과 현재적 자중감의 콜라보

내가 바퀴벌레가 되면 어떡할 거야?

한때 Z세대 사이에서 유행하는 놀이가 있었습니다. 가족이나 친구들에게 "내가 바퀴벌레가 되면 어떡할 거야?"라고 말한 뒤에 반응을 살피는 거거든요. 그리고 재미있거나 감동적인 대답을 캡쳐해서 SNS에 공유합니다. '비싸게 팔겠다'라든가 '넌 술 먹고 집에 들어오는 중일 거야'라든가 '자라' 같은 엄마들의 반응이 특히 재미있었어요.

이 유행은 한 트위터 사용자가 카프카의 《변신》을 읽고 엄마한테 "만약 내가 바퀴벌레로 변하면 어떻게 할 거야?"라고 물었다는 경험담을 공유한 데서 시작했어요.

격려
@MYSUPERIORLIFE

예전에 변신읽고 엄마한테 자고일어났는데 내가 바퀴벌레되있으면 어떡할고냐고 물어보니까 >너인줄 알면 사랑하겠지< 라고해서 감동받아서 말못함. 지금내크기임. 날개기지개폄. 등등의 조건을 계속붙이니까 밥먹는데 바퀴벌레얘기좀 그만하라함

2023년 03월 20일 · 7:19 오후 · 조회수 **1045만**회

바퀴벌레 챌린지를 이끌어 낸 트위터 게시물

이 놀이의 흐름이 지나가자, 이번에는 사람들이 바퀴벌레 챌린지의 대답 별로 MBTI를 살피기 시작합니다. MBTI는 Myers-Briggs Type Indicator의 약자로 '내향성-외향성, 감각-직관, 사고-느낌, 판단-지각'의 네 가지 범주로 조합하여 개인의 성격을 진단하는 성격유형 검사입니다. 그래서 총 16가지 성격 유형이 나오죠.

바퀴벌레 챌린지의 대답을 분석할 때는 그중에서도 감각형과 직관형인 S와 N으로 구분을 했어요. S는 현실적인 생각을 하는 성향이고 N은 규칙에 얽매이지 않고 상상을 펴는 성향입니다. 그래서 예를 들어 '꿈인가 하고 다시 자겠지'나 '뭔 소리야?'처럼 현실적인 반응은 S로 분류를 하고요, '애지중지 키울게'나 '크기는 얼마나 해?'처럼 동조하는 느낌이면 N으로 분류하는 거예요.

저도 예전에는 MBTI를 그다지 신뢰하지 않았는데 한 가지 재미있는 사실을 발견하니 약간 재밌게 느껴지더라고요. 제가 커뮤니티 모임을 하는데 밤 10시가 넘어서까지 남아 있는 사람들의 MBTI를 물어봤더니 거의 90%가 외향형인 E인 겁니다. 내향형 I는 그 자리가 너무 좋지만 계속 있으면 힘이 빠지니 아쉬운 마음이 들어도 9시면 일어나는 경향이 있는 거죠. 그 이후로 술자리마다 11시 정도가 되면 남아 있는 분들에게 MBTI를 물어보곤 하는데 여전히 압도적으로 E가 많아요.

그러고 보면 최근 몇 년 동안에 MBTI가 굉장히 많은 화제가 되고 사람들의 입에 오르내리고 있어요. 잘파세대는 대부분 자기 MBTI 유형 정도는 알 겁니다. MBTI의 장점은 서로 다른 생각과 취향을 가져도 그것을 인정하게 만들더라고요. 제 지인 중에 한 분은 예전에 10년을 넘겨 사귄 남자친구와 헤어졌는데, 남자친구와 맨날 '왜 내 친구들과 같이 만나는 것을 싫어하느냐? 나를 존중하지 않는 것이다' 같은 이유로 싸웠다고 해요. 그러면서 '그때 MBTI를 알았더라면 남자친구는 I고 나는 E니까 그럴 수 있겠구나 하고 이해할 수도 있었을 것 같아요'라고 하더라고요. 서로 다르게 생각하는 데 대해서 '왜 저러지' 하고 생각하지 않아도 되는 게 MBTI를 아니까 왜 저런지 이미 알고 있는 거거든요.

그렇게 보면 MBTI는 누군가를 이해하고 그 사람을 파악하는 데 큰 도움이 됩니다. MBTI를 알면 대강 이런 사람이구나 하는 기준을 가지게 되고, 조금씩 차이점은 있지만 큰 틀에서는 비슷하게 예측을 할 수 있거든요. 그런 면에서 어떤 사람과 접촉해서 이야기를 나누고 같이 무언가를 하면서 그 사람을 이해해야 하는 과정을 MBTI가 상당히 단축시켜주고 있어요. 대면의 인간관계에 서툰 편인 잘파세대에게 MBTI는 낯선 사람을 이해하는 매우 유용한 도구가 됩니다.(TMI로 말씀드리면 제 MBTI는 ENFP입니다.)

MBTI 따지기의 숨겨진 의미

그런데 제가 처음에는 MBTI에 부정적이었다고 했잖아요. 그 이유는 사람이 얼마나 다양하고 다채로운데 겨우 16가지 유형으로 사람의 성격을 나누고 파악하는 게 말이 안 된다고 생각해서였어요. 사실 이 MBTI검사의 이론적 토대를 제공했던 심리학자인 칼 구스타브 융도 이러한 이유로 MBTI에 부정적이었다고 하죠. (MBTI는 융이 만든 게 아니라 미국인 소설가 모녀가 만든 거예요.)

생각해 보면 개인의 다양한 개성을 존중하고 그것을 발현하는 데 서슴없는 잘파세대가 MBTI에 관심이 있는 건 조금 아이러니한 일이에요. 세상에 16가지 유형의 인간밖에 없다는 얘기잖아요.(물론 4가지 밖에 안 되는 혈액형 성격학보다는 낫지만 말이죠.) 그래서 일부 사람들이 MBTI를 맹신하는 이유가 자신에 대해 잘 모르기 때문이 아닐까 하는 생각이 들어요. 자기 스스로 '나는 어떤 사람이다'라고 확고하게 말하기가 어려우니 이미 완성된 인간형을 빌려서 나는 어떤 사람이라고 말하는 거죠. 말하자면 맞춤복이 아닌 기성복을 사는 겁니다. 팔길이는 조금 안 맞지만 전체적인 사이즈는 비슷하니까 그럭저럭 입을 수 있거든요. 그러니까 MBTI를 따지는 것은 자신을 탐구하고 관심을 가지는 행위 같지만, 오히려 자신에 대해 잘 모른다는 것을 드러내는 행위일 수도 있어요.

자신의 정체성을 확고히 하고 그것을 분석하기란 쉽지 않습니다. 우선 객관적일 수도 없고, 굳이 그래야 할 필요도 없거든요. 그런데 MBTI는 정확하게는 아니지만 얼추 자신의 정체성 비슷한 모습을 제시하니 편하게 사용하는 것이죠. 다른 사람에게 자기를 설명하기도 쉽고요. 빨리 놀러 나오라고 계속 졸라대는 친구한테 '나 대문자 I야'라고 말하면 친구가 빠르게 수긍하고 '어 그럼 나중에 보자' 하고 카톡을 끊거든요. 이 친구는 틀림없이 E일 거고요.

정보 과다로 인한 집중의 어려움

'자신을 잘 표현할 수 있는 개인 맞춤형 서비스를 선호하는 세대'가 잘파세대잖아요. 그런데 MBTI 같은 성격유형 검사에 의지해 사람을 16가지 유형으로만 파악하는 데 만족하는 이유는 무엇일까요? 너무나 많은 정보에 둘러싸여 있어서 그렇습니다. 한 사람을 판단하거나 그 사람의 선호를 판단하는 데 너무 많은 정보가 필요해요. 예를 들면 '음악을 좋아한다'도 아니고 '걸그룹을 좋아한다'도 아니고 '어떤 그룹을 좋아한다'도 아니고 '어떤 그룹의 누구가 최애이다'인 거죠.(그 최애의 포토카드를 뽑기 위해 같은 그룹의 동일 앨범을 5장씩 사기도 하고요.)

잘파세대는 디지털과 SNS를 통해 수많은 정보에 둘러싸여 자라왔습니다. 넷플릭스에서 영화나 드라마를 보더라도 어떤 것을 봐야 할지 결정하려면 시간이 오래 걸립니다. 그 전에 넷플릭스를 볼까, 디즈니 플러스를 볼까, 티빙을 볼까부터 결정해야 하겠지만요. 그래서 잘파세대는 기본적으로 산만합니다. 하나에 집중하기에는 너무 많은 정보 자극이 있거든요. 영상 콘텐츠를 보더라도 A라는 영상을 보고 있는데, 더 재미있어 보이는 B라는 영상이 눈에 들어오는 거예요. 그러니 책을 읽거나 공부를 할 때 재미있는 콘텐츠가 같이 놓여있다면, 꽤 굳건한 결심이 필요합니다. 책을 읽기에는 너무나 재밌는 게 많은 세상입니다.

그리고 SNS를 따라서 사고하다 보면 생각의 프로세스도 그와 비슷해져요. 맥락이 없고 갑자기 툭 튀어나오는 거죠. 물론 맥락이 없다는 것은 듣는 사람의 입장이고, 말하는 잘파세대는 분명한 의식의 흐름 가운데서 이야기를 하는 것이긴 합니다. 잘파세대와 문자를 하다가 갑자기 엉뚱한 소리를 해서 혼냈다는 부모님의 이야기를 가끔 듣습니다.

회사에서 일을 하게 되면 이들의 약한 집중력과 무맥락 경향은 문제가 될 수 있습니다. 정보를 바탕으로 한 빠른 포기 결정은 약한 집중력과 어우러져 끈기 없음으로 보일 수도 있고요. 사실 요즘같이 가속이 빠른 시기에는 안 되는 것은 빨리 포기하고 되는 것을 잽싸게 수용하는 피보팅(급격하게 변하는 환경적 요인에 따라 기존의 진행하던 사업의 추진 방향을 전환하는 것)이 필요하다고 이야기 하잖아요. 그런 맥락에서 잘파세대도 결정에 대한 피보팅이 빠르거든요.

그런데 잘파세대의 약한 집중력이 단점만은 아닙니다. 이들은 대신 여러 정보를 동시에 접할 수 있어요. 흔히 멀티가 안 된다고 하시는 분들 많잖아요. 일하면서 음악만 들어도 정신 사납다고 음악 끄라고 하시는 분도 계시는데 잘파세대는 언론에서 묘사하는 모습 자체가 에어팟을 귀에 꽂고 있습니다. 물론 이건 그냥 상징적인 모습이지 잘파세대가 실제 그렇다는 것은 아닙니다. 이 상징을 보면 일하면서도 음악을 듣고 있잖아요. 즉 멀티를 실행하는 모습인 거예요. 앞서 잘파세대는 멀티에 강해서 한꺼번에 여러 개의 정보를 병렬처리할 수 있다고 했었죠.

이런 세대에게는 일을 줄 때도 직렬적인 방법이 맞는 것인지 고민하고 실험해보아야 할 때가 아닌가 합니다. 사실 회사일이라는 게 하나가 다 끝나야 다음 일을 하고, 그리고 또 그다음 일을 하는 식으로 돌아가지는 않죠. 여러 일이 병렬적으로 펼쳐지는데 어떻게 보면 잘파세대의 뇌 구조는 회사의 업무방식에 최적화되어 있는지도 모릅니다. 업무분장을 하고 프로세스를 진행할 때 이런 잘파세대의 특징을 잘 파악해서 고려해야 하지 않을까 싶어요.

전업자녀의 등장

잘파세대는 자아가 비교적 분명하고 존중받으면서 자라서 자신의 취향, 기호, 선호가 분명한 편입니다. 하지만 그에 비하면 그들의 장기적인 비전과 미래는 불분명한 경우가 많죠. 두 가지 요인이 있을 텐데, 하나는 가속화된 현대 사회가 도저히 몇 년 앞을 짐작하지 못하게 하기 때문입니다. 그리고 다른 하나는 아무리 일을 해 봤자 소용 없다는 좌절감도 있어요. 부모 세대는 일을 하면 서울에 집을 장만할 가능성이 있었는데, 이제는 일을 해서 모은 돈으로는 부동산 가격 상승분을 따라갈 수 없다는 현실적인 열패감이 큽니다. 월급을 모아서는 집을 사지 못한다는 거니까요.

사상 최악의 실업난까지 겹친 중국에서는 전업자녀Full time children라는 말이 유행하고 있어요. 3명을 선발하는 일자리에 3만 명이 지원하는 상황이라, 아예 취업을 포기하는 사람들이 빠르게 늘어나고 있습니다. 이 사람들은 부모 집에 같이 살게 되는데, 캥거루족처럼 그냥 부모 집에 얹혀사는 것이 아니라 정해진 액수의 돈을 받으며 자녀로서의 업무를 수행하면서 삽니다. 이들을 전업자녀라고 부릅니다. 그중에는 근로계약서를 작성하고 노동시간 조건을 협상해서 정식으로 월급을 받는 '프로 전업자녀'도 있다고 합니다.[1]

전업자녀라는 말은 백수나 캥거루족에 비해 무언가 건설적으로 보이지만, 실상은 그렇지 않습니다. 전업자녀는 미래가 완전히

전업자녀의 업무를 보여주는 SNS 이미지.
시계방향으로 반려견 산책, 청소, 부모님과 산책, 식사 준비[2]

없다는 말이나 마찬가지일 수 있거든요. 전업자녀가 직업이니 굳이 다른 직업을 구하거나 다른 일을 찾아야 할 필요가 없잖아요. 심지어 다니던 직장을 그만두고 전업자녀를 택하는 경우도 있다고 하니[3] 그야말로 미래를 희생하고 현실의 작은 만족을 찾아 안주하는 경우라고 할 수 있죠.

전업자녀까지는 아니어도 이런 생각에 동조하는 한국의 잘파세대는 많습니다. 미래를 생각할 때 소득이나 결혼, 아이에 대한 모습이 잘 그려지지 않습니다. 그래서 아무리 해도 빛나지 않을 미래를 위해 굳이 어렵게 경쟁하지 않는 겁니다. 이들에게는 현재는 있지만 미래가 없어요. 현재를 누구보다 즐기고 잘 살려는 생각은 있지만 미래에 대한 기대가 크지 않아요. 미래가 미래로 존재하는 것이 아니라 현재가 이어지다가 앞으로 오게 될 현재로 존재하는 거예요. 사실 너무나 빠르게 바뀌는 현재에 적응하기에도 버겁거든요. 그래서 현재에 충실하고 현재에 만족하는 삶을 살기로 한 거죠. 그냥 하루하루 재미있게 열심히 사는 거예요. 그게 미래를 위한 것은 아니지만요.

그러니 예전에는 직장에 다니는 보람을 주기 위해 CEO가 직원들과 비전을 나누는 것이 중요했지만, 이제는 '그렇게 되어봤자 결국 주식 가진 오너만 좋은 거지 나에게는 의미 없다'고 생각할 가능성이 큽니다. 이들이 가진 비전은 커리어를 잘 관리해서 좋은 조건으로 이직하는 근미래 정도의 비전입니다. 회사가 말한 장기간에 걸친 비전은 공유하기도 어렵고 공감받기는 더욱 어려워요.

그래서 잘파세대와 함께 일하기 위해서는 먼 미래의 추상적인 비전보다는 가까운 미래에 대한 구체적인 비전을 설정하고 공유하는 것이 중요합니다. 잘파세대는 어차피 그렇게 먼 미래까지 이 회사에 있을 생각을 하지는 않으니까요. 2023년 취업 플랫폼 잡코리아가 남녀 직장인 967명을 대상으로 진행한 설문에 따르면 요즘 직장인들이 한 회사에서 일하기 적정하다고 뽑은 근속기간은 평균 4.9년입니다.[4] 보통은 5년 있으면 이직한다는 거예요. 잘파세대만 조사하면 이 기간은 훨씬 짧을 수 있습니다. 제가 얼마 전 제 수업을 듣는 학생에게 '입사한 지 얼마 안 됐는데 이직할 기회가 왔다면 1년이 안 되어도 이직할 거냐?'고 물은 적이 있거든요. 200여 명의 학생 중에 3명 빼고 이직할 거라고 대답하더라고요. 이쯤 되면 3명이 이직하지 않는 이유가 더 궁금합니다. 딱히 특별한 이유는 아니었고 '그래도 1년은 다녀봐야 하지 않겠나' 정도였어요.

넛지적 설계의 필요

또 하나 잘파세대가 가진 재미있는 특징은 다른 사람의 의견은 존중하지만 자아존중감이 강해서 그 의견이 나의 삶을 바꾸거나 나의 생각에 영향을 미치지 않는다는 겁니다. 누군가 자신에게 충고를 건넨다면 나의 생각이나 인생에 대해 이렇게 생각하는 사람도 있을 수 있겠구나 하고 허용할 뿐이죠.

조국 전 법무부 장관의 딸 조민 씨는 의사면허가 취소되고 법적인 공방을 벌이는 가운데 유튜브를 개설했어요. "영상일기 같은 것을 남기면 나중에 봤을 때 뭔가 좋지 않을까. 진짜 소소하게 내가 행복을 느끼는 콘텐츠를 만들고 싶다"면서 개설했는데 유튜브 구독자의 증가 추이가 소소한 정도를 가뿐하게 넘어섰죠. 3개월여 만에 30만 명이 모였으니까요. 그런데 이런 활동에 대해 불편해하는 사람이 많이 생기면서 지지자들 가운데서도 자중하라는 목소리가 나오기도 했어요. 이에 대해 조민 씨는 "나는 팔로워, 구독자분들의 모든 의견을 존중하고, 나에게 보낸 고언도 감사히 받아들인다. 다만 나는 남이 원하는 삶, 남이 요구하는 삶이 아닌 내가 원하는 삶을 나의 계획과 일정에 따라 주체적으로 살 것임을 알아주면 감사하겠다"[5]라고 밝혔습니다.

조민 씨의 나이는 Z세대라기보다는 M세대의 마지막에 가깝지만, 처음에 말했듯이 세대론은 심정적이고 문화적인 동조의 흐름을 말하는 것이지 단순히 나이의 경계를 말하는 것은 아닙니다. 자신에 대한 자중감을 가지고 자신이 하고 싶은 것을 하면서 살아가는 조민 씨의 모습은 잘파세대의 지향점을 잘 보여줍니다.

잘파세대는 틱톡에 콘텐츠를 올릴 때도 남의 눈을 의식하지 않고, 자기가 재미있어서 댄스 챌린지 영상 찍고 올립니다. 그저 내가 추억하고 싶은 순간을 유쾌하게 기록하고, 가벼운 즐거움과 행복감을 느끼면 그만인 거죠. 여기에는 타인의 시선에 대한 의식이 존재하지 않습니다. 물론 그러다가 크게 조회수가 터지면 고마울 수도 있겠지만, 애초부터 목적은 그게 아니거든요.

잘파세대는 누구에게 잘 보이기 위한 삶을 살거나, 그런 선택을 하겠다는 생각이 없어요. 내가 하고 싶은 선택을 나 스스로 하겠다는 거거든요. 그 선택이 때로는 실용적일 수도 있지만, 어떤 때는 전혀 이해가 안 되는 것일 수도 있어요. 그 사람만의 선호와 취향이고 지향이니까요. 생각해 보면 내가 굳이 남의 인생을 하나하나 이해하고 수긍해야 할 필요도 없는 거죠. 잘파세대에게 '잔소리는 왠지 모르게 기분 나쁜데, 충고는 더 기분 나쁜 것'입니다. 그래서 잘파세대는 다른 친구의 선택에 조언을 하거나 비판을 하기보다는 응원을 합니다.

회사에서 선배의 조언을 최근에는 '꼰대의 잔소리'라고 해서 무조건적으로 거부하는 경우가 많아요. 좋은 이야기를 해도 꼰대의 잔소리라고 생각합니다. '알아서 할 테니까 관심 좀 꺼줬으면 좋겠다'는 생각이 입만 열지 않았다 뿐이지 또렷하게 들려옵니다. 잘파세대의 자아존중감은 자신의 자유를 침해하거나 개성을 억누르는 상황을 아주 싫어합니다. 사생활을 침범하는 것도 그렇죠. 그런데 회사에서는 아무래도 그런 지시가 있을 수 밖에 없잖아요. 그리고 잘파세대는 자신의 생각이나 취향에 대해 평가받는 것을 매우 싫어합니다. 취향이니까 존중해 줘야 하잖아요. 물론 그 개성을 인정해야 하지만, 그 개성이 통상적인 사회적 기준과 다르면 문제가 될 수 있어요. 회사에서는 갈등 상황의 원인이 될 수 있습니다.

그래서 회사에서는 업무를 위한 넛지적 설계가 필요합니다. 넛지nudge는 강압적이지 않고 부드러운 개입으로 사람들이 더 좋은 선택을 할 수 있도록 유도하는 것을 말해요. 그러니까 사람들의 결정이나 행동에 가이드는 주지만, 간섭하거나 억지로 지시하는 느낌은 최대한 배재하는 거죠. 예를 들어 다른 부서의 사람들과 이야기를 하면서 아이디어를 나누라고 지시하기 보다는 지정좌석제를 폐지하고 자율좌석제를 시행해서 다른 부서 사람들과 자연스럽게 이야기를 나누게 만듭니다. 팀원들 간에 의견을 더 나누라고 억지로 회식을 하는 것이 아니라 파티션의 높이를 낮춰서 일하다가 가끔씩 눈을 맞추게 하는 것도 넛지적 방법입니다. 한 마디라도 더하게 되어 있어요.

'요즘 젊은 애들'이라는 말은 몇천 년을 관통하는 관용어입니다. 새로운 세대는 보통 파격적이고 저항적입니다. 하지만 그건 젊음이 가진 특성이라기보다 새롭게 나타난 변화에 대한 반응입니다. 새로운 기술이나 제도가 나오면 새로운 사회가 펼쳐집니다. 그에 맞춰서 우리의 라이프 패턴이 바뀌고 새로운 관계, 새로운 규칙, 새로운 윤리가 요구됩니다. 기존의 규칙과 제도에는 없던 것들이니 파격이고 저항이라는 소리를 듣는 것이겠지만, 사실 새롭게 생겨나는 생활과 기술에 맞춘 사고방식과 생활 습관이 필요한 것뿐이에요. 단순히 기존의 규칙과 제도에 무조건 반발하는 건 아니라는 겁니다. 그러니 세대론은 그저 시대의 흐름에 부응하고 바뀌는 트렌드에 적응하는 사람들을 관찰한 일종의 보고서라고 할 수 있습니다.

그런 면에서 '잘파세대는 어떻다'라는 분석은 잘파세대에 대한 호불호를 가리기 위함이 아니라, 시대와 세상의 흐름을 파악하기 위한 노력인 셈입니다. 잘파세대라는 렌즈를 통해서 우리는 우리가 처한 위치를 지도상에서 확인하게 됩니다. 우리 앞에 놓인 거대한 강의 흐름을 알게 되었거든요. 이제 그 강을 따라갈 것인지, 거스를 것인지, 그냥 머물 것인지는 선택사항입니다. 다만 기다린다고 강의 흐름이 바뀌지는 않습니다. 조금 더 거세고 빨라질 뿐이니 이왕이면 강의 흐름을 거스르지 말고 나아가는 전략이 효과적이라고 말씀드리고 싶네요.

세계가 그야말로 일일생활권이 되고 일분소식권이 된 요즘에는 사회적 현상을 간단하게 예측하거나 정의하기 힘듭니다. 언제, 어디서, 무슨 일이 벌어져서, 우리에게 어떤 영향을 미칠지 모르는, 그야말로 불확실의 영역에서 살고 있기 때문입니다. 이런 불확실함의 시대에 그래도 거대한 방향 정도는 알고 있다면, 가다가 헤맬지언정 길을 잃지는 않을 것입니다. 잘파세대에 대한 분석과 이해가 각자의 비즈니스에, 그리고 개인의 생활과 생각에, 조금이나마 도움을 드렸으면 합니다.

책의 내용에 공감하고 반박하고 이해하는 과정에서 분명 떠오르는 생각들이 있으실 텐데, 그런 포인트들을 적절히 살려 자신만의 인사이트를 정립하는 것도 이 책을 효과적으로 활용하는 방식이 될 것입니다.

새로운 세대는 이전 세대에게 불가해한 문제를 주기도 하지만, 이전 세대가 풀지 못했던 여러 가지 문제를 해결할 수 있는 열쇠를 같이 주기도 합니다. 따라서 서로 간의 다른 점을 이해하고 수용하고 존중한다면, 우리의 사회가 더 균형감 있고 공존의 가치가 살아 있는, 바람직한 모습이 되지 않을까 합니다. 잘파세대나 잘파세대를 바라보는 세대나, 우리 모두는 지구라는 운명 공동체의 구성원입니다. 우리의 세상을 평화롭고 조화롭게 잘 가꿔 나가는 것이 이 공동체에 속한 사람들의 의무이자 행복이죠. 그 첫걸음은 서로를 이해하는 것입니다. 오늘 우리가 읽은 이 책이 그 첫걸음의 한 시도였고요. 하지만 이제 겨우 한 걸음일 뿐이죠. 앞으로도 서로를 위한 배려와 노력은 계속되어야 할 것입니다.

프롤로그

1) 하이젠베르크, 《부분과 전체》, 서커스, 2023

PART 1 잘파세대가 온다

1장 '진짜 요즘 애들'의 등장

1) 당근마켓에 삼성 입사 선물 올린 신입사원…"구질구질" VS "알뜰", 〈동아일보〉, 2022.10.9
2) 편의점 알바생 낯 뜨거운 애정 행각…"처벌은 어렵다", 〈아시아경제〉, 2023.3.31
3) "태풍 심해서 출근 못하겠어요"…도보 10분거리 직원의 문자 통보, 〈매일경제〉, 2023.8.10
4) [커버스토리] #이렇게_입으면_기분이_조크든요, 〈연세춘추〉, 2016.11.6
5) 좌: 무라카미 하루키, 《상실의 시대》, 문학사상사, 1989
우: 무라카미 하루키, 《노르웨이의 숲》, 민음사, 2013

2장 이제는 MZ 말고 잘파(Z+alpha)

1) 통계청, 〈2023년 5월 경제활동인구조사 고령층 부가조사 결과〉, 2023.7.25
2) 가장 오래 일한 직장 근속기간 평균 15년, 현실 정년 49세, 〈중앙일보〉, 2023.7.26

3) 소준철, 《가난의 문법》, 푸른숲, 2020
4) 6·25 이후 최초로 부모보다 못살게 된 청년세대, 〈주간동아〉, 2017.2.17
5) Meet Gen Zalpha, the powerful combo generation of teens and 20-somethings who are about to have major spending power, 〈insider〉, 2023.2.28
6) MZ에서 잘파로… 소비 주력층 세대교체, 〈브릿지경제〉, 2023.8.13.

3장 디지털 행성의 시민권자들

1) "안정적 직장은 무슨…박봉에 욕먹고 공황장애" 공무원이 떠난다, 〈머니투데이〉, 2023.6.26
2) '킹산직' 400명 채용에 18만명 몰렸다?…현대차 "경쟁률 공개 안 해", 〈파이낸셜뉴스〉, 2023.3.13
3) 애플 비전 프로, 'AR 플랫폼'으로 공간을 말한다, 〈동아일보〉, 2023.6.9
4) 한국갤럽, 〈2012~2022 스마트폰 사용률&브랜드〉, 2022.7.6
5) 최재붕, 《포노사피엔스》, 쌤앤파커스, 2019.3
6) 당신의 아기, 첫마디가 "알렉사"라면, 〈중앙일보〉, 2018.6.18.

4장 전 세계 셧다운이라는 초유의 경험

1) 시인 나희덕 "여성 문인들, 성희롱에 단호히 대응해야", 〈연합뉴스〉, 2023.2.14

PART 2 잘파세대를 이해하는 4가지 키워드

1장 디지털 온리: 노인들이 존경받지 못하는 숏타임의 사회

1) 넷플릭스는 강했다…드라마 몰아보기, TV 시청시간 넘어, 〈매일경제〉, 2023.7.22
2) '짧은 영상' 재미 본 유튜브, 음악도 '숏폼'으로 보여준다. 〈서울경제〉, 2023.8.16
3) 청년 첫 취업까지 평균 10개월 소요…평균 근속기간은 1년 6개월, 〈TV조선 뉴스〉, 2023.7.18
4) 청년 취업자 5명 중 1명이 1년 이하 계약직, 근속기간도 줄어들어, 〈영남일보〉, 2015.1.14

5) 청년층, 첫 직장 평균 근속기간은 '19개월' 〈뉴시스 2010.07.29〉
6) 카톡 이모티콘, 일 평균 약 7천만 건 사용…11년간 2500억 건, 〈노컷뉴스〉, 2023.7.19
7) "자퇴할래요" 학교 떠나는 강남 · 송파 고교생들…이유는?, 〈SBS 뉴스〉, 2023.8.15
8) "모바일 기사, 633자 미만이 효율적", 〈미디어 오늘〉, 2016.10.11
9) 매리언 울프 저 · 이희수 역,《책 읽는 뇌》, 살림, 2009
10) "모바일 못하는데 은행 점포도 줄어"…노인을 위한 금융은 없다, 〈매일경제〉, 2019.7.30
11) '1000만 MAU' 시중은행의 반격…모바일뱅킹 강화 고삐, 〈뉴스투데이〉, 2023.8.1
12) 유발 하라리 "아이가 학교에서 배우는 90%, 성인되면 쓸모없어질 것", 〈머니투데이〉, 2016.4.26

2장 자중감: 아침에 출근한 알바가 점심 전에 그만둘 수 있는 이유

1) 통계청, 〈인구 동향 조사-시도/합계출산율, 모의 연령별 출산율〉, 2023.8.30
2) 합계 출산율 0.78명! 세계 최저 출산율, 미래가 없다!, 〈헬로TV뉴스〉, 2023.7.28
3) "할만한 이유가 없다"…결혼 기피하는 청년, 〈데일리안〉, 2023.8.9
4) 청년 80% "비혼 동거 찬성"..."결혼해도 무자녀 괜찮아", 〈파이낸셜뉴스〉, 2023.8.28
5) 여성 청년 28%만 '결혼 긍정'…청년 80% 비혼 동거 동의, 〈뉴시스〉, 2023.8.28
6) "중학생 딸이 아이돌 갖고 있는 디올 지갑 사달라네요"…'아이돌 앰배서더'가 자극하는 10대 명품 소비, 〈서울경제〉, 2023.7.10
7) 아이돌 앞다퉈 입더니…14살 여중생 "3500만 원 명품 언박싱", 〈한국경제〉, 2023.5.9
8) 초등학생 4~6학년 장래 희망 1위 직업은 '○○○', 〈노컷뉴스〉, 2023.5.2
9) 청년층 첫 일자리, 평균 근속 '1년 6.6개월'…근로 여건 불만족↑, 〈뉴스토마토〉, 2023.7.19
10) "친구랑 놀고 싶어요"…알바생의 솔직한 '결근 사유'에 감동한 사장님의 답장, 〈인사이트〉, 2021.12.31
11) 청년백수 120만 시대… 4명 중 1명 "집에서 논다", 〈디지털타임스〉, 2023.8.27
12) 청년 부채 어쩌나…상반기 빚 탕감 받은 20대 4654명, 〈뉴시스〉, 2023.8.23
13) "다시 집으로"…취업난 · 생활비 부담에 '캥거루족' 택하는 청년들, 〈조선비즈〉, 2023.8.30

14) '부모보다 가난한 첫 세대' 청년층, 팬데믹에 더 아프다, 〈경향신문〉, 2021.4.26

15) 유튜브 〈채널 십오야〉, 키큰형이랑나불, 2023.7.14

16) 초등학생 4~6학년 장래 희망 1위 직업은 '○○○', 〈노컷뉴스〉, 2023.5.2.

3장 현재적: 인생네컷을 찍고 아이팟을 끼고 일하는 이유

1) Z세대는 왜 스티커사진 찍는 걸 좋아할까?, 〈일간스포츠〉, 2023.4.25.

2) 유튜브 〈Time traveler 시간 여행자〉, 90년대 은행 금리 엿보기(당신을 제일로 모시는 IMF 이전 제일은행), 2022. 8.23

3) "요새 신입사원은 왜 그럴까?" 숫자로 본 'MZ 세대' 특징 4가지, 〈아이티 월드〉, 2023.8.11

4) "진짜 에어팟 끼고 일해?"…풍자에 불편한 MZ들, 〈이데일리〉, 2023.1.17.

4장 세계인들: 잘파세대는 왜 갤럭시를 안 쓰고 아이폰을 쓸까?

1) [이동환 칼럼] 우리는 Z세대를 제대로 알고 있을까?, 〈피렌체의 식탁〉, 2023.4.12

2) 브라이언 헤어, 버네사 우즈 저 · 이민아 역, 박한선 감수, 《다정한 것이 살아남는다》, 디플롯, 2021

3) 우리가 몰랐던 MZ 세대의 매력, 〈경남일보〉, 2023.3.23

4) 유희열 표절 의혹이 던진 두 가지 화두, 〈시사IN〉. 2022.7.28

5) 한국인 없는 K팝 그룹 등장…"K팝이니 당연히 한국어 가사", 〈SBS 뉴스〉 2023.7.20

6) 'MZ 대세 간식' 탕후루, 아픈 사람도 낫게 했다?, 〈아이뉴스24〉, 2023.8.19

7) '마라탕' 먹고 '탕후루' 찍고…"중국 싫지만 음식은 좋아", 〈농민신문〉 2023.8.12

8) 잘파세대 3명 중 1명 "한국인인 것 싫다"…"경쟁 심해 피곤", 〈동아일보 2023.05.13.〉

9) AI와 공존하며 살아갈 '알파 세대'…노가영 작가 '새로운 인류 알파세대' 책 출간, 〈매일경제〉, 2023.5.22

10) BTS 정국, 첫 솔로도 美 빌보드 '핫 100' 1위…'국뽕' 차오른다, 〈티비리포트〉, 2023.7.25

11) "로컬"이라 했던 오스카에 첫발 디딘 한국인 봉준호, 〈중앙일보〉, 2020.1.14

12) 뉴진스와 아이폰, 〈서울경제〉, 2023.8.13

13) "아이폰 안 쓰면 왕따" 잘파세대 심화…'아재폰' 탈출 나선 삼성 전략은, 〈아이뉴스

24〉, 2023.7.22
14) '갤럭시 언팩'에 등판한 케이팝 스타들, 잘파 세대 사로잡을까, 〈매거진한경〉, 2023.07.28
15) 뉴진스의 아이폰, 탓하기 전에, 〈머니투데이〉, 2023.8.14
16) '삼성이 망하면 나라가 망한다'는 언론 프레임, 〈미디어오늘〉, 2019.8.30
17) "아이폰 인기는 10대들 막연한 선망" 삼성전자 임원진 위기 진단 두고 회사 내부 비판 커져, 〈한국일보〉, 2023.8.11
18) 아이폰은 10대들이나 선망하는 것? 과연 그럴까, 〈슬로우뉴스〉, 2023.8.14
19) "아이폰 인기는 10대들 막연한 선망" 삼성전자 임원진 위기 진단 두고 회사 내부 비판 커져, 〈한국일보〉, 20023.8.11

PART 3 잘파세대가 이끌 소비 트렌드의 변화

1장 비대면 마켓의 진화: 디지털 네이티브가 만들어가는 비대면 서비스 왕국

1) 물건 팔기보단 아이들이 잘 놀수 있는 공간 만들다, 〈중기이코노미〉, 2022.5.23
2) 어른들은 모르는 초딩들의 쇼핑공간 '문구야놀자', 그들만의 최고의 아지트 되다, 〈헤럴드경제〉, 2021.04.16
3) LF, 영국 명문대 캠브리지 패션으로 '잘파세대' 노린다, 〈매거진 한경〉, 2023.4.18
4) '스트리트 컬처'로 잘파세대 공략하는 패션업계, 〈뉴스1〉, 2023.7.29
5) LF, 유니섹스 캐주얼 '캠브리지' 런칭해 잘파세대 공략, 〈한국섬유신문〉, 2023.4.13
6) 마이데이터 사업 본격화…의료계, 실효성 등 의구심, 〈데일리메디〉, 2023.8.26
7) 日 재택근무 비율, 코로나19 이후 최저치…2020년 대비 반토막, 〈아시아경제〉, 2023.8.8
8) 로블록스, 60% 상승하며 뉴욕증시 데뷔, 〈뉴스핌〉, 2021.3.11
9) 애플이 보여주는 새로운 미래, '비전프로', 〈매거진 한경〉, 2023.07.31
10) 애플, XR 레이스에 불붙였다 〈한국경제〉, 2023.6.12
11) 한국은행은 왜 CBDC 도입에 적극적일까?, 〈바이라인 네트워크〉, 2023.08.24.

2장 개취마켓: 나노 단위로 초개인화된 소비자들을 위한 마켓

1) '덕심 마케팅' 나선 카드업계…캐릭터 카드로 MZ세대 공략, 〈중소기업신문〉,

2023.5.11
2) '달러구트 꿈 백화점 2', 〈인사이트〉, 2021.8.23
3) 네, 못생긴 신발이 아직도 인기랍니다, 〈동아일보〉, 2023.8.5
4) 태양이 'GD 한정판 운동화'를 4000만원에 팔았다고?, 〈머니투데이〉, 2023.5.07
5) 나이키는 왜 역대급 재고에도 투자를 늘릴까, 〈동아일보〉, 2022.11.6
6) Food and beverage industry, rushes pop-up events in fall such as Pernod Ricard Korea's ABSOLUT GROUND, 〈AP신문〉, 2023.9.2
7) 작년 300억 판 'YALE' 패션… 잘파세대에 통했다, 〈동아일보〉, 2023.5.17
8) CNN 티셔츠 · 코닥 바지, 잘파세대에 잘 팔리는 이유, 〈중앙선데이〉, 20223.8.14
9) 캠코더 · 디카 들고 헤드폰 쓴 MZ…촌스러울수록 힙하네, 〈영남일보〉, 2023.6.23.

3장 커뮤니티 커머스: 제3의 커뮤니티를 통한 취미와 소비의 연결

1) '남이 봐야 공부 잘 된다?'…캠스터디 열풍, 〈AI타임스〉, 2023.1.12
2) 제3의 정겨운 공간, 스타벅스, 〈CHIEF EXECUTIV〉, 2021년 3월호
3) 스타벅스, 웹3 로열티 프로그램 '오디세이' 베타 버전 출시, 〈토큰포스트〉, 2022.12.9
4) 취향 맞는 사람들과 독서토론…'관계'를 팝니다, 〈동아일보〉, 2019.9.11
5) "동아리 안 들래요"…JMS 주의보 내린 대학가, 〈쿠키뉴스〉, 2023.3.22
6) 김성주, 연고이팅 시식 동아리 시식단 초대…"마늘종 고기덮밥이 평가 가장 좋아"('백종원의 골목식당'), 〈텐아시아〉, 2021.12.2
7) 동아리방도, 선배도 없네…'코로나 학번'은 버킷리스트 동아리로, 〈한겨레〉, 2022.4.19
8) MZ세대, 직업의 귀천이 사라졌다? 〈전자신문〉, 2023.9.1
9) "Don't buy this jacket, 이 재킷을 사지 마세요.", 〈사례뉴스〉, 2020.10.6.

4장 크리에이터 이코노미: AI로 더 활발해지는 콘텐츠 비즈니스

1) 메타, '트위터 대항마' 새 소셜미디어 '스레드' 하루 앞당겨 론칭, 〈서울경제〉, 2023.7.16
2) 딱 103시간 걸렸다…스레드 1억 명 가입에, 열받은 머스크 도발, 〈중앙일보〉, 2023.7.12
3) X 대항마라던 메타 스레드, 찻잔 속의 태풍으로 스러지나, 〈아이티데일리〉,

2023.8.21
4) 정용진의 SNS 활용법…'클하·스레드' 접고, 80만 팔로워 '인스타' 집중, 〈뉴시스〉, 2023.7.27
5) "10대가 3D로 돈 버는 시대"…삼성 출신 부부의 '승부수', 〈한국경제〉, 2023.2.13
6) 대학 친구들끼리 '로블록스 게임' 만들고 2억 버는 세상이 왔다, 〈뉴스1〉, 2022.7.10
7) '시들해진 메타버스'…게임사들이 속도 높이는 이유, 〈굿모닝경제〉, 2023.8.16
8) 천리마마트 김규삼 "작가 내버려 둔 것이 네이버웹툰 성공 요인", 〈디지털데일리〉, 2023.8.29
9) 네이버 숏폼 창작자에 1만 3천 명 지원…릴스·쇼츠 추월할까, 〈한겨레〉, 2023.7.11
10) 카카오, 메타버스 비전 '카카오 유니버스' 공개, 〈카카오 보도자료〉, 2022.6.7
11) 월급 올리고 주4일제 한 대도 "안 해요, 공무원", 〈SBS 뉴스〉, 2023.8.13
12) 졸업 후 일없는 청년 백수 126만 명…4명 중 1명은 "그냥 논다", 〈머니투데이〉, 2023.8.27
13) "졸업식은 내 장례식" 中 학생들 '시체사진' 유행…대체 무슨 일?, 〈MBN 뉴스〉, 2023.7.1
14) '어벤져스' 감독 "2년 안에 AI 영화 나온다…누구든 '주연'될 수 있어", 〈TV리포트〉, 2023.4.26
15) MZ에서 잘파로…소비 주력층 세대교체, 〈브릿지경제〉, 2023.8.13
16) 크리에이터 이코노미 플랫폼 부상…놀이가 벌이가 된다, 〈전자신문〉, 2023.5.18

PART 4 잘파세대를 맞이하는 조직문화의 미래

1장 개인>조직: 더 이상 존재하지 않는 개인과 조직의 갈등

1) '안티워크' 퇴직인증…미국 '젊은 게으름뱅이'에 골머리, 〈이데일리〉, 2022.1.11
2) "MZ세대 퇴사" 응원한 美 레딧 '안티워크', 돌연 비공개…왜?, 〈머니투데이〉, 2022.1.27
3) '대퇴사 시대'의 끝은 무엇을 의미할까, 〈BBC 뉴스 코리아〉, 2023.8.5.
4) 경기 침체에도 '대퇴사 시대' 여전…결원 충원도 어려워, 〈이데일리〉, 2023.6.17
5) "받는 만큼 일할래요"…청년, '조용한 퇴사'에 빠지다, 〈서울엔〉, 2023.4.27

6) '입사 3년 미만' 신입사원 10명 중 8명 "퇴사 · 이직 고민중", 〈뉴시스〉, 2023.3.17
7) SK, 딥체인지 이끌 인재양성 플랫폼 'mySUNI(써니)' 출범, 〈뉴시스〉, 2020.1.14.

2장 비대면 작업설계: 휴먼포비아, 콜포비아

1) 전화벨이 울리는 게 두려운 당신! 혹시 '콜 포비아'?, 〈하이닥〉, 2022.12.5
2) '옥탑방' 키, 공포증 고백 "전화 오면 무슨 일 생길까 봐 두려워", 〈뉴스엔〉, 2019.3.14
3) "아이유도 앓는 공포증 얼마나 심하길래" '전화 통화' 기피증 확산, 〈헤럴드경제〉, 2023.8.4
4) 2030 넘어 4050까지 전화 오면 '섬찟'…"전화가 무서워요", 〈헤럴드경제〉, 2023.8.11
5) "MZ세대 고질병"…엄마도 불편하다는 아이유, '이것'때문에 공포에 떨고 있는 연예인들, 〈케이데일리〉, 2023.4.5
6) 전화벨이 울리는 게 두려운 당신! 혹시 '콜 포비아'?, 〈하이닥〉, 2022.12.5
7) "화상회의 지각해도 괜찮아, AI 비서가 요약해주니까", 〈한겨레〉, 2023.5.10
8) '조용한 퇴사' 이어 '시끄러운 퇴사' 유행, 〈토론토 중앙일보〉, 2023.7.28
9) 성과연봉이 공정하다고? '성과급제 끝판왕' 삼성 직원들에 물어보니…, 〈경향신문〉, 2023.2.6.

3장 공정을 따진다는 착각: 손해 보고 싶지 않은 원칙주의자들

1) 테이블오더 기업 페이오더, 스마트폰 원격 태블릿 메뉴판 제어 시스템 개발, 〈데일리시큐〉, 2023.8.16
2) DAO란 무엇인가?, 〈업비트 투자자보호센터〉, 2022.5.6
3) 올해는 다오(DAO)의 해… 생각만큼 되지 않는 3가지 이유, 〈여성경제신문〉, 2022.2.8.

4장 답정너와 결정장애 사이: 너무 많은 정보 자극과 현재적 자중감의 콜라보

1) 전업자녀, 〈영남일보〉, 2023.8.30
2) 부모 돌보고 월급 받는다…'전업 자녀' 길 택하는 中 아들 · 딸, 〈중앙일보〉, 2023.6.24

3) 직장은 집, 고용주는 부모…'전업자녀'로 살겠다는 중국 청년들, 〈농민신문〉, 2023.8.19
4) 직장인 적정 근속기간 '5년'…"성장 기회 없으면 과감히 이직", 〈아이뉴스24〉, 2023.03.17
5) "쪼민! 이제 주 2회 나갑니다"…조민 유튜브 본격화하나?, 〈MBN〉, 2023.8.30

이제는 잘파세대다

1판 1쇄 인쇄 2023년 10월 23일
1판 1쇄 발행 2023년 10월 30일

지은이 이시한

발행인 양원석
책임편집 박현숙
디자인 남미현, 김미선
영업마케팅 양정길, 윤송, 김지현, 정다은, 백승원

펴낸 곳 ㈜알에이치코리아
주소 서울시 금천구 가산디지털2로 53, 20층(가산동, 한라시그마밸리)
편집문의 02-6443-8847 **도서문의** 02-6443-8800
홈페이지 http://rhk.co.kr
등록 2004년 1월 15일 제2-3726호

ISBN 978-89-255-7578-0 (03320)